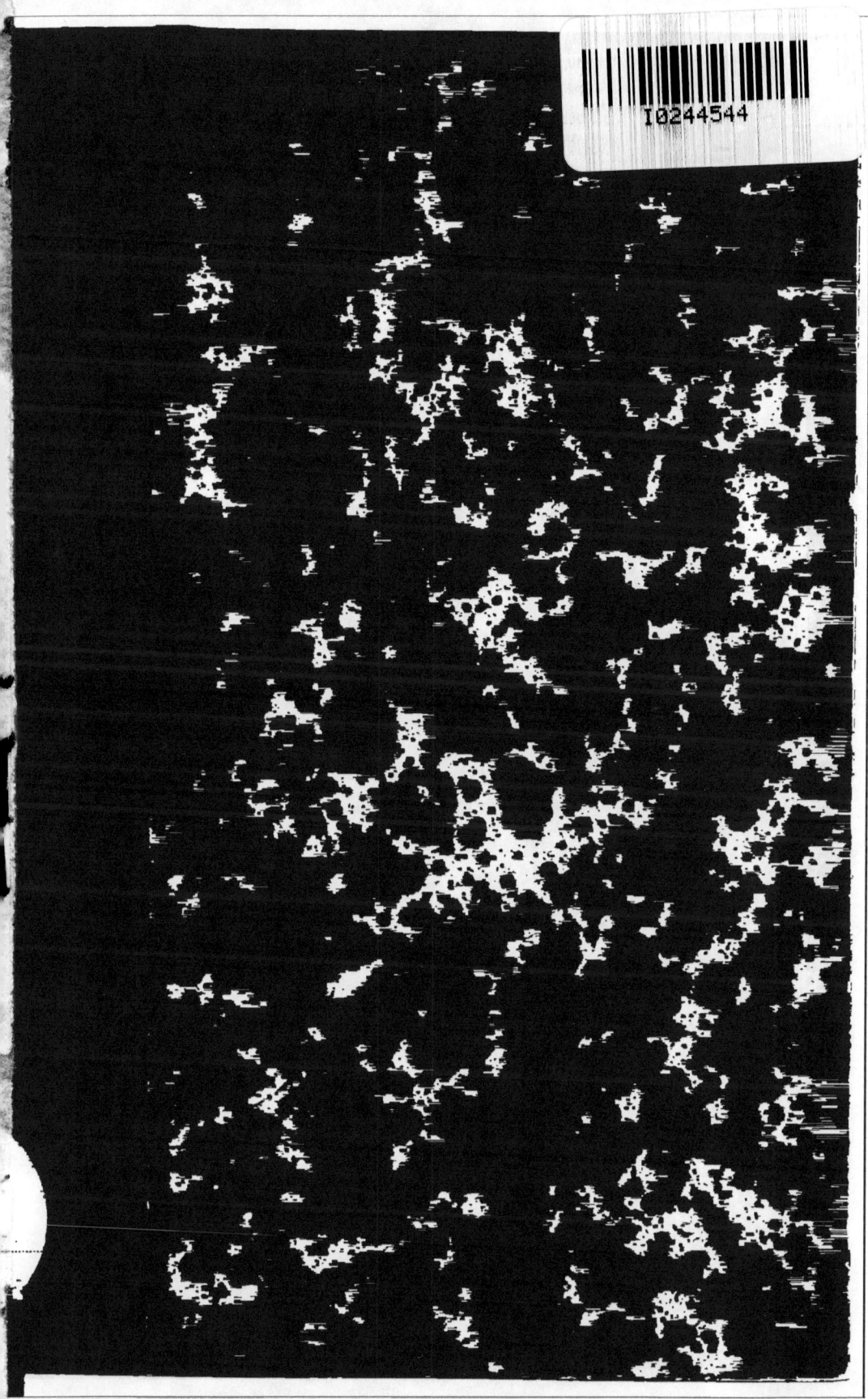

LA VANITÉ

COMBATTUE ET SURMONTÉE

PAR LA FILLE-FORTE.

OUVRAGES DE J. ESCARGUEIL.

LES IGNORANTINS ET L'ÉCOLE LAÏQUE.

Brochure in-12.

Les exemplaires de cette brochure, imprimée en 1872, sont épuisés.

LES CHOSES DE MON TEMPS.

Volume in-18, 0,50 centimes, *franco*.

EN PRÉPARATION :

LES ENTERREMENTS CIVILS ;

VIE ET VERTUS D'UNE SŒUR DE CHARITÉ ;

LES ENFOUISSEURS (dialogue).

LA VANITÉ

COMBATTUE ET SURMONTÉE PAR LA FILLE-FORTE

OU

VIE

DE JACQUETTE DE BACHELIER

DE L'ORDRE DE SAINT-FRANÇOIS.

PAR

J. ESCARGUEIL

Auteur de divers Opuscules.

4me Édition. — 1 fr. 25.

*Le véritable bien consiste dans
le service de l'amour de Dieu.*

TOULOUSE	MONTPELLIER	CARCASSONNE
Guarrigue, libr.re	Seguin, libraire.	Pomiès, libraire,
rue Boulbone.	rue Argenterie, 25.	rue de la Mairie, 50.

TOUS DROITS RÉSERVÉS.

PROPRIÉTÉ.

J. ESCARGUEIL.

AU LECTEUR.

Nous déclarons nous soumettre aux lois de l'Eglise sur les titres que nous donnons à l'héroïne dont nous écrivons la vie, sur le récit des vertus que Jacquette de Bachelier a pratiquées, et sur les faits attribués à cette illustre servante de Dieu.

Nous soumettons d'ailleurs *tous nos écrits* au jugement du Siége Apostolique et nous reprouvons et condamnons ce qu'ils *renfermeraient* de contraire aux enseignements de l'Eglise Romaine.

1er *août* 1876.

J. ESCARGUEIL.

PRÉFACE

La vie de Mademoiselle de BACHELIER *a été écrite d'abord par le Père Casimir de Toulouse, Capucin, et imprimée à Rouen, 1648, in-8º[*], sous ce titre :* L'Illustre Pénitente de Béziers, ou l'Histoire de Mademoiselle de Bachelier, du Tiers-Ordre de Saint-François, *par Casimir de Toulouse, Capucin.*

Cet ouvrage, sous un titre un peu différent, a eu plusieurs éditions à Béziers. Il fut imprimé en 1670 et 1678, chez Jacques et François Barbut.

Le 1ᵉʳ Juin 1698 la quatrième et dernière édition de cet ouvrage paraissait sous ce titre :

[*] Bulletin de la Société Archéologique de Béziers. — 1840

VIII

La Vanité combattue et surmontée par la Fille-Forte *ou* La Vie pénitente de Sœur Jacquette de Bachelier, *par le P. Casimir de Toulouse, Capucin.*

Ce docte Franciscain composa cet ouvrage par obéissance à ses supérieurs, et, en le livrant à la publicité, il satisfaisait aux vœux d'un grand nombre de personnes pieuses. Ecrivant cette histoire quelques années seulement après la mort de Jacquette de Bachelier, le P. Casimir n'avance rien qu'il ne puisse prouver facilement par des mémoires authentiques ou par la déposition des personnes qui en ont été les témoins oculaires.*

Il était d'ailleurs facile de contrôler le narré de ce livre. La ville de Béziers était encore toute pleine du souvenir de Jacquette de Bachelier. Le P. Casimir divisa son travail en trois parties : la première contient la naissance de Jacquette ; la seconde rapporte

---

* *Avant-propos de la dernière édition*, page 5. — 1698.

les principales actions de sa vie pénitente ; la troisième, sa mort.

L'auteur s'était proposé d'ajouter une quatrième partie à cette histoire ; elle renfermait les grâces nombreuses obtenues par l'intercession de l'illustre pénitente de Béziers. Nos recherches n'ont pu amener la découverte de ce manuscrit, lequel probablement ne fut jamais livré à la publicité.

Le docte religieux fit paraître son livre avec l'approbation des théologiens de son Ordre, la permission de M. Etienne de Boujac, official de l'Evêque de Béziers, et l'autorisation du frère Bonaventure, vicaire-général de l'Ordre des Capucins, et du frère Paul, provincial des Capucins de la province du Languedoc. Il dédia son travail à Pierre de Bonsi, évêque et seigneur de Béziers.

En dehors de ces éditions, il existe d'autres vies de l'héroïne bitterroise, attribuées au P. Casimir et publiées à diverses époques.

L'une (volume in-12), a été écrite par un religieux de l'Ordre des Capucins et imprimée à Béziers, chez François Barbut. Nous ignorons l'année de sa publication.

Elle est la reproduction de l'édition du P. Casimir, seulement elle renferme une préface qui n'est nullement l'Avant-propos de l'édition 1698 du P. Casimir. L'épitre dédicatoire à Pierre de Bonsi n'est point la reproduction exacte de celle qui se trouve en tête de la dernière édition du P. Casimir, publiée chez Etienne Barbut. Ce n'est point les seules observations que nous ayons à faire sur ce livre qui a pour titre : Vie pénitente et séraphique de Sœur Jacquette de Bachelier, capucine. Cette vie renferme plusieurs inexactitudes.

L'an 1840, la Société archéologique de Béziers publia une notice et un portrait de Jacquette. Cette notice renferme de précieux documents sur les ancêtres de Jacques de Bachelier, père de notre héroïne, et donne une généalogie que nous avons retrouvée dans l'édition dont nous parlions tout à l'heure. L'auteur effleure la vie de l'illustre bitterroise, et en certains endroits, nous paraît avoir trop cherché à donner à son récit une couleur plutôt poétique que réelle. Le portrait, à en juger d'après celui publié par le P. Casimir, au commencement de son livre (édition 1698), est un portrait de fantaisie.

L'édition la plus récente que nous ayons vue de la vie de Jacquette, porte la date de 1843. Ce livre a été imprimé à Béziers sous ce titre : Vie pénitente et séraphique de Jacquette de Bachelier, capucine, *par le P. Casimir*. Cette édition paraît être la reproduction exacte de celle dont nous venons de parler.

L'édition que nous publions aujourd'hui est conforme à celles que nous avons fait paraître en 1875 ; seulement elle est revue et augmentée.

Loin de nous la pensée d'être à la hauteur de

la tache que nous avons entreprise : la vie d'un saint n'est dignement écrite que par un saint. En écrivant la vie d'une des femmes les plus célèbres de nos contrées méridionales, nous voudrions contribuer pour notre faible part à désabuser notre société de ce luxe effréné qui l'envahit et la conduit à l'abîme. Devant l'exemple, toute récrimination est impossible et toute excuse inacceptable. Ce que, une fille illustre par la naissance, les dons de la nature et les qualités de son esprit a fait, nous le pouvons dans la mesure des grâces que Dieu nous accorde. Chacun, je le sais, ne doit pas vivre de la même manière, et dans la vie des Saints il y a des choses plus admirables qu'imitables, mais chacun doit se renoncer soi-même, pratiquer la tempérance, la mortification et ce crucifiement intérieur, sans lequel le christianisme est un vain nom.

1er *août* 1876.

J. ESCARGUEIL.

IMPRIMATUR.

Carcassonne, le 20 Juillet 1876.

† Fr. S. Alb. LEUILLIEUX,
Ev. de Carcassonne.

Parmi les divers témoignages de félicitations qu'a reçus l'auteur, à l'occasion de ses écrits, nous citons les suivants :

Evéché de Carcassonne.

16 août 1873.

Mon cher Monsieur le Curé,

J'ai lu avec plaisir votre opuscule *(les Ignorantins)*; il a dû faire du bien à ceux qui, de parti pris, n'ont pas dit adieu au bon sens en tout ce qui a rapport aux Ecoles Congréganistes.

† F. S. A., *Ev. de Carc.*

Cambrai, le 24 janvier 1874.

Bien cher Monsieur le Curé,

Votre excellent petit ouvrage : *Les choses de mon temps*, m'est arrivé hier dans la soirée. Je vous remercie d'avoir bien voulu me l'envoyer. Déjà je l'ai parcouru en entier ; il me semble appelé à produire un bien réel, autant qu'il m'est permis d'en juger par une lecture rapide.

Je vous félicite très-sincèrement, mon cher Monsieur le Curé, d'employer ainsi les loisirs que vous laisse l'exercice du saint ministère dans votre petite paroisse: vous vous rendez par là vraiment utile, non-seulement aux âmes qui vous sont spécialement confiées, mais encore à toutes les personnes qui vous liront et je désire qu'elles soient nombreuses. Daigne Notre-Seigneur bénir vos travaux et les rendre fructueux pour sa gloire et pour la sanctification des âmes. C'est là, je le sais, l'unique objet de votre ambition.

Veuillez me croire toujours, mon bien cher Monsieur le Curé, votre bien affectueusement dévoué en N. S.

M. DUMAY,
*Ancien supérieur du Grand Séminaire
et ancien vicaire-général du diocèse
de Carcassonne.*

LETTRE DE Mgr DE LA BOUILLERIE.

Bordeaux, le 24 juin 1875.

Cher Monsieur le Curé,

J'ai reçu avec votre aimable lettre, l'ouvrage que vous venez de faire paraître sur la vie et les vertus de *Jacquette de Bachelier*.

Je vous félicite d'avoir recueilli ce pieux souvenir et d'avoir su le raviver avec beaucoup de charme. Votre petit livre sera lu avec fruit et il fera beaucoup de bien; il est d'ailleurs écrit avec piété et simplicité, ce qui convient à un ouvrage de ce genre. J'ajouterai qu'à l'intérêt de la lecture s'est joint pour moi celui que m'inspirait le nom de l'auteur que j'aime et que j'estime. Permettez-moi donc, cher Monsieur le Curé, de vous adresser mes remerciements et mes compliments sincères en même temps que je vous prie d'agréer l'assurance de mon inaltérable dévouement.

† FRANÇOIS, *Arch. de Perga,*
Coadj. de Bordeaux.

Extrait d'une lettre du Révérendissime Père EGIDE, général de l'Ordre des Capucins.

Lyon (Brotteaux), le 17 juin 1876.

Monsieur,

Je vous suis bien reconnaissant d'avoir voulu vous occuper à faire connaître la vie d'une Servante de Dieu appartenant à l'Ordre des Capucins, ce qui est pour nous une consolation et dans le même temps un honneur.

Fr. EGIDE, *Min. Général des Capucins.*

GÉNÉALOGIE

DE

LA FAMILLE DE BACHELIER.

Jacques de Bachelier était issu d'une ancienne famille de Cambresis dans laquelle on comptait des personnages célèbres dans l'armée, dans l'Eglise et dans l'administration de la justice. En 1548, Jacques de Bachelier, fils de Jean de Bachelier, seigneur de Montigny, était venu en Languedoc avec le connétable Anne de Montmorency qui en avait le gouvernement. Il fut pourvu par ses soins de l'office de Président en la Cour présidiale de Béziers; dans la suite, il fut investi par le suffrage public de l'exercice de la première magistrature municipale de cette ville. En 1563, il fut député à la Cour par les Etats de la Province pour appuyer les réclamations de cette Assemblée.

Il avait épousé en premières noces la fille de Mᵉ Jean Cavaillée, licencié en droit. Il contracta le 2 septembre 1554 une seconde union avec Delphine de Beccardit. C'est de ce mariage que naquit Jacquette de Bachelier. Voici, en partie, la généalogie descendante de Jacques de Bachelier, d'après les documents fournis par les divers auteurs de la vie de notre héroïne :

I.

JACQUES DE BACHELIER eut de DELPHINE DE BECCARDIT :

    GABRIEL DE BACHELIER
    et JACQUETTE.

II.

GABRIEL DE BACHELIER, conseiller au Parlement de Toulouse, puis président en la Cour des Aides de Montpellier, épousa le 13 avril 1606 CATHERINE DE ROUX, et eut de son mariage :

François de BACHELIER, mort sans postérité ;

et Catherine de BACHELIER.

III.

Catherine de BACHELIER se maria le 11 février 1642 avec Etienne de MONTAIGNE, baron de BEAULIEU ; de ce mariage naquit :

Charlotte de MONTAIGNE.

IV.

Celle-ci épousa le 6 février 1687, Henri de REYNAUD, baron de CARNON, et eut pour fille :

Marie-Charlotte de REYNAUD.

V.

Marie-Charlotte de REYNAUD épousa en 1721 François VIDAL DE LA TREILLE, seigneur de LAS TEULES, d'où naquit :

François-Henri de VIDAL, mort sans postérité avant 1789.

LA VANITÉ

COMBATTUE ET SURMONTÉE PAR LA FILLE-FORTE

ou

VIE

DE JACQUETTE DE BACHELIER

De l'Ordre de Saint-François

PAR

J. ESCARGUEIL

Auteur de divers Opuscules.

Le véritable bien consiste dans le service de l'amour de Dieu.

CHAPITRE I.

NAISSANCE DE JACQUETTE DE BACHELIER.

La vie de l'homme sur la terre est un combat perpétuel. A son entrée dans la vie, l'homme a trois ennemis à combattre s'il veut s'attacher à l'amour de la vérité et à la pratique de la vertu. Jésus-Christ n'est pas venu apporter la paix, mais le glaive. (1)

Ces puissances hostiles que nous rencontrons sans cesse dans le service de Dieu sont le monde, Satan et nous-même. Le plus redoutable de ces tyrans est sans contredit celui que nous apportons au dedans de nous, nos propres passions. Heureux celui qui les maîtrise! Il est plus glorieux de se vaincre soi-même que de conquérir l'univers entier. Jacquette de Bachelier se rendit illustre en cette guerre. Les surprenantes actions de sa vie lui méritent le nom de Fille-Forte et d'héroïne chrétienne. Dominée par l'orgueil pendant les premières années

---

(1) Saint Mathieu, x, 34.

de sa vie, Jacquette eut de la peine à se retirer d'une servitude qui la faisait régner sur tous les esprits de son temps. Néanmoins, par la vertu du Ciel et la force de son esprit, elle s'affranchit des liens de la vanité, et par une prodigieuse conversion, accompagnée d'une infatigable persévérance, elle méprisa les joies et les vanités du siècle avec un courage aussi rare qu'illustre.

Jacquette naquit l'an 1559 à Béziers, ville du Bas-Languedoc. Cette cité, une des plus riches du Midi de la France, appartenait aux Volsces Tectosages; elle passa successivement sous la domination des Romains, des Wisigoths, des Arabes, (720) et des Francs; elle domine une vaste plaine arrosée par le fleuve d'Orb, sillonnée par de nombreux canaux et traversée par le chemin de fer. Sa principale richesse est la vigne et l'olivier.

Jacquette appartenait à une des familles les plus illustres du pays. Son père, Jacques de Bachelier, était docteur en droit. Dans les archives de la mairie, il est dit être issu d'une riche, noble et ancienne famille. Il exerça l'office de Président à la Cour présidiale de Béziers. Sa mère, Dauphine de Beccardit, appartenait à une famille dont la noblesse et la fortune ne le cédait en rien à celle de son époux.

Le Ciel répandit ses bénédictions sur cette illustre famille. Dauphine devint mère de plusieurs enfants, dont l'un, Gabriel de Bachelier, fut conseiller au Parlement de Toulouse et président à la Cour des aides de Montpellier.

Par une disposition particulière de la divine Providence, Monsieur et Madame de Bachelier donnèrent à leur fille le nom de cet apôtre qui voulait faire descendre le feu du Ciel sur les Samaritains qui avaient refusé de recevoir le divin Sauveur.

Dieu, qui par un enchaînement mystérieux et continu, dispose de toutes choses, même des plus petites pour le plus grand bien de ses élus, laissait présager de cette manière quelle serait l'ardeur de la charité de Jacquette et son zèle pour le salut des âmes.

CHAPITRE II.

ÉDUCATION DE MADEMOISELLE DE BACHELIER.

Un habile agriculteur visite avec soin ses plantations, émonde les arbres de son jardin, pioche la terre de son verger, l'arrose en son temps, plante des pieux. De cette sorte l'arbuste défie les vents d'autan, grandit, et au printemps sa tige élancée présente à l'œil du curieux un bouquet de verdure magnifique. Dans la formation de l'homme il y a quelque chose de semblable.

L'enfant a-t-il à peine vu le jour que commence pour la mère ce labeur difficile et long que nous appelons l'éducation et dont les traces subsistent chez l'homme jusques à un âge très-avancé. L'éducation en effet commence au berceau, se corrobore principalement par l'instruction et se développe tous les jours de la vie. Plusieurs confondent l'éducation avec l'instruction : c'est là une erreur grossière. L'une diffère de l'autre comme le tout de sa partie. L'instruction a pour objet la culture de l'esprit et exerce sur l'éducation toute entière une influence décisive. L'éducation a pour objet l'homme tout entier, principalement le cœur, le caractère et les habitudes de la vie. Un savant peut être très-mal élevé. Rien n'est indifférent en matière d'éducation :

une impression fâcheuse, passagère, peut avoir de mauvais résultats : de là cette maxime antique : *Maximo debetur puero reverentia.*

Jacquette reçut une brillante instruction. Tout ce que la noblesse de sa famille réclamait, tout ce qui ne répugnait point à la délicatesse et aux convenances de son sexe n'était négligé.

Elle apprit la musique, la danse, le jeu des instruments et réussissait avec une approbation générale dans ces exercices. Ses inclinations étaient assez bonnes.

M. et Mme de Bachelier professaient une sorte d'idolâtrie pour leur enfant et la faisaient vivre de cet air qui est l'âme de la vanité.

Jacquette devint fière et hautaine.

L'orgueil s'établit dans son cœur à ce point, qu'elle ne croyait pas qu'entre toutes les demoiselles de son temps, il s'en trouva une qui lui fût égale.

La haute estime que Jacquette avait d'elle-même, n'était pas sans fondement : elle était d'une beauté remarquable et pleine de charmes : les autres filles perdaient auprès d'elle leur éclat.

C'était assez qu'elle parût pour se faire admirer. On rencontre des personnes qui violent les règles de la modestie afin de plaire, il n'en a point été ainsi de Jacquette. Ceux qui la regardaient étaient comme fascinés par l'éclat de sa beauté et le charme majestueux de toute sa personne. Tous les mémoires de sa vie lui donnent cet avantage, et plusieurs qui l'ont connue à la fin de ses jours, assurent que la blancheur de son teint, la juste proportion de son corps, sa riche taille et toute sa contenance majestueuse étaient des précieux restes de son ancienne beauté, qui s'étaient maintenus contre les efforts de l'austérité et les injures du temps.

Les palais somptueux, a dit Platon, sont pour les grands princes, et les beaux corps pour les grandes âmes. Cette doctrine a été vérifiée d'une manière admirable dans Jacquette de Bachelier. Avec un corps d'une beauté accomplie, notre héroïne possédait une âme d'une rare perfection.

La grâce merveilleuse qu'elle avait dans toutes ses actions, la douceur de sa conversation, la vivacité de son naturel, la faisaient rechercher des personnes d'esprit. Chacun, autour d'elle, s'estimait heureux de pouvoir lui offrir ses services.

Créée pour être la compagne de l'homme et élever ce dernier jusqu'à Dieu, la femme use parfois des dons admirables que le Créateur lui a donnés pour exercer sur l'homme un pouvoir égoïste et rendre celui-ci esclave. Afin de se rendre maîtresse des cœurs et de conserver l'empire sur eux, Jacquette ajoute l'art aux grâces dont la nature l'a dotée. La passion de dominer possède son âme ; elle est la plus vigilante à découvrir les modes et la plus zélée à les suivre ; la plus riche et la plus curieuse en ses bijoux. Plusieurs jeunes gentilshommes disputent ses affections et se rendent assidus à la servir. Elle reçoit leurs déférences comme des hommages dûs à sa personne ; elle se plait à gêner leur esprit, sans leur donner la moindre complaisance; elle les regarde tous inférieurs à ses mérites ; elle appréhende plus leur mépris que leur haine ; elle préfère leur encens à leur cœur et ne veut vivre que pour recevoir des adorations.

CHAPITRE III.

SES REMORDS.

Jouissant de tous les avantages que procurent un grand nom, d'immenses richesses et de brillantes qualités de corps et d'esprit, Jacquette de Bachelier ne songeait qu'à plaire au monde afin de le captiver. Elle ignorait cette parole du Sage : *Vanité des vanités, tout n'est que vanité.*

Dieu, dont les desseins sont impénétrables à l'œil de l'homme, et qui parfois fait éclater sa miséricorde sur les âmes en les retirant subitement des sentiers du vice, à l'heure où elles paraissent le plus dominées par les passions, allait faire éprouver à Jacquette la vérité de cette maxime. Dieu possède une infinité de moyens pour convertir et gagner les cœurs. Il ne ramène point toujours le pécheur en faisant éclater sa puissance à ses yeux, comme cela advint à Saul sur le chemin de Damas ; ordinairement il agit sur les âmes par la force de l'exemple et les attraits de la grâce. Augustin envoyé à Milan par Symmaque, préteur de Rome, dut sa conversion aux entretiens qu'il eut avec saint Ambroise, évêque de cette ville.

Pour retirer Jacquette des vanités du siècle, Dieu se servit de la prédication d'un religieux de l'Ordre de Saint-François. C'était vers l'an 1584, Jacquette de Bachelier était dans la vingt-cinquième année de son âge. Les Capucins, établis à Béziers, depuis peu de temps, avaient fait venir un prédicateur de leur Ordre, dont l'éloquence et les vertus persuadaient les incrédules et donnaient à sa parole une grande autorité. Poussée par la curiosité, Jacquette vint entendre ce religieux.

L'esprit du Seigneur, qui veille continuellement à notre salut et opère de merveilleux effets en nos âmes, lors même que nous sommes moins disposés à profiter de ses grâces, changea les paroles du Prédicateur en autant de flèches ardentes qui percèrent le cœur de Jacquette. Il prêchait sur l'infidélité et l'inconstance du monde. Mademoiselle de Bachelier écoutait avec la plus grande attention ; elle observait la disposition des mots, le ton de la voix, les gestes du bras et de la main. Bientôt un trouble salutaire s'empare de Jacquette : elle se met à trembler de tous ses membres ; elle est honteuse de la vie mondaine qu'elle a menée jusqu'à ce jour : la rougeur couvre son visage et afin de cacher son émotion elle abaisse son crêpe. Après avoir entendu la suite du discours dans d'étranges inquiétudes, elle sort de l'église avec une modestie qui ne lui est pas ordinaire, se retire dans sa maison et s'enferme dans son cabinet. Dans cette solitude, comme Augustin après avoir entendu les paroles de Ponticien, en proie aux déchirements d'une lutte intérieure, elle rentre en elle-même. Le monde, les plaisirs, la vie se montrent dans leur réalité. Elle découvre ses erreurs, la vanité et le néant des choses de la terre. Son âme est dans un désordre indescriptible.

Augustin avait éprouvé une agitation semblable lorsque, s'arrachant les cheveux, se tordant les membres, il s'écriait en versant un torrent de larmes : « Jusques à quand, Seigneur, serai-je en butte à votre colère? Jusques à quand balancerai-je à me donner à vous? Pourquoi demain et non aujourd'hui ? » L'esprit de Dieu agissant sur le cœur de Jacquette, elle s'écrie : « O monde,
» que tu es traître! que tes maximes
» sont pernicieuses! que tes promesses
» sont fausses! que tes présents sont

» vains ! Mais pourquoi, dois-je me plain-
» dre de toi, plutôt que de moi-même.
» Malgré la connaissance que j'ai de ton
» infidélité, je me suis laissée emporter
» à tes vanités ! Faudra-t-il que tu tien-
» nes captive une âme créée pour Dieu
» seul ? O ciel ! que deviendrai-je ? »

Les sanglots étouffaient sa voix, elle pouvait à peine parler. Elle laisse tomber de ses yeux un torrent de larmes. Il faut pleurer pour conjurer la tristesse et donner du soulagement à un cœur affligé.

Après cette heure de regrets, de repentir et de cruelles angoisses, Jacquette s'efforce de reprendre sa gaîté ordinaire et veut déguiser le trouble de son esprit. Vains efforts ! Son visage garde l'empreinte des vives émotions qu'elle éprouve au fond de son âme. Ses parents, vivement inquiets de la voir dans cet état, l'interrogent en vain. Jacquette garde le silence, et malgré les instances de sa famille, n'avoue jamais la cause de cette altération. Le même jour, elle rentre au milieu des compagnies mondaines. Mais la grâce de Dieu sollicitait avec force le cœur de Jacquette. Quelque enjouée qu'elle parût, elle laissait parfois échapper un soupir. On remarquait fréquemment le manque de suite dans ses entretiens.

Mlle de Bachelier avait peine à se livrer entièrement à l'action divine qui agissait puissamment dans son intérieur : tantôt elle résistait aux sollicitations de l'Esprit-Saint et s'attachait aux maximes du monde ; tantôt elle luttait contre elle-même et se résolvait à l'abandon des vanités de la terre. Cinq ou six mois s'écoulèrent dans cet état d'hésitations, de luttes et d'incertitudes poignantes. Etat lamentable, que seules connaissent les âmes qui l'ont éprouvé !

CHAPITRE IV.

SA CONVERSION.

Un seul moment suffit à Dieu pour changer les cœurs et faire d'un scélérat un homme parfait. La vie des Saints nous donne des exemples frappants de cette action soudaine et instantanée de la grâce dans les âmes, mais telle n'est pas ordinairement la conduite de la Providence. Personne, disent les Livres

Sacrés, n'arrive tout à coup à la perfection. La nature et l'art procèdent d'une manière semblable. Le lis ne sort pas soudain de la tige qui le produit. La fleur des champs n'étale point subitement à nos regards ses vives couleurs : nous la voyons peu à peu sortir de la tige, se former et éclore. Lorsque l'artiste saisit le marteau et le ciseau pour travailler le marbre, il ne fait pas du premier coup un chef-d'œuvre. Notre-Seigneur qui voulait élever Jacquette à un degré éminent de sainteté en lui inspirant le mépris des richesses, des honneurs et des plaisirs de la terre, permit que notre héroïne connût l'amertume et le néant des vanités de ce monde et que néanmoins son cœur y demeurât attaché. O dessein mystérieux de la bonté divine à l'égard de l'homme coupable! Dieu prévient le pécheur par les fortes inspirations de sa grâce et, après l'avoir blessé au cœur, il semble l'abandonner à lui-même afin qu'il connaisse par sa propre expérience sa faiblesse et la force de l'amour divin. Dans cet état, le pécheur lutte contre lui-même : il veut servir Dieu, mais il n'a pas le courage de fuir les occasions dangereuses, de s'arracher aux plaisirs et, comme Augustin, il s'écrie dans un cruel abattement : « A demain! à demain! » C'est à ces heures que la grâce sollicite fortement l'âme pécheresse, et que Dieu, voulant nous ramener dans le chemin de la vertu, nous accorde des faveurs nouvelles. Voici de quel moyen il s'est servi pour blesser plus profondément le cœur de Mlle. de Bachelier.

Un jour elle était sur la porte de sa maison lorsque deux capucins se présentèrent pour demander l'aumône.

L'un des deux était jeune et avait achevé son noviciat depuis quelques mois.

Le plus âgé lui fit prendre garde au néant des choses de la terre et la reprit du luxe de ses habits.

Jacquette ne savait qu'elle contenance garder : la rougeur était montée à son visage ; elle ne repartit mot et alla chercher le pain que ses parents avaient coutume de donner aux religieux franciscains. Pendant ce temps, le frère quêteur s'était avancé dans la rue et avait laissé son jeune compagnon seul à la porte de M. de Bachelier. A son retour, Jacquette cédant à un sentiment de curiosité, interroge plusieurs fois ce jeune capucin. Celui-ci garde le plus profond silence et ne daigne pas même lever les yeux qu'il tenait modestement baissés. Cette conduite mortifiée fut pour Jacquette une éloquente prédication. Elle se trouve impressionnée à ce point qu'elle laisse tomber le pain dans les mains de ce jeune capucin et elle se retire dans son cabinet. Dans ce lieu, seul témoin de ses combats, elle s'abandonne à la tristesse : mille pensées traversent son esprit, elle laisse son âme en proie aux suaves impressions de la grâce. Elle veut se faire violence, renoncer aux pompes de Satan ; elle prend la généreuse résolution de quitter le monde.

« Pourquoi, disait-elle, ne pourrai-je pas faire ce que ce jeune homme a fait ?

Les vanités sont-elles l'apanage exclusif des filles ? La pénitence et la perfection sont-elles le partage des hommes seuls ? Ne suis-je pas convaincue de l'inconstance et de l'infidélité du monde ? Je l'ai servi pendant plus de dix ans, où est la récompense de mes services ? »

Jacquette n'avait pas le courage de combattre la vanité qui régnait en souveraine dans son esprit. Il y eut à la vérité un grand changement dans sa conduite. Elle se levait de grand matin et, tous les jours, entendait la Messe dans l'église des Capucins avec des sentiments d'une grande ferveur. Dieu, qui veut être maître absolu des cœurs et qui voulait élever Jacquette à un sublime degré de perfection, permit que notre héroïne fut en proie à de grandes luttes intérieures. Elle vivait dans l'inquiétude et son esprit était dans le trouble.

Les jours s'écoulaient rapides comme l'éclair, sans apporter aucune amélioration à l'état moral de Jacquette. Le temps qui calme les orages et apaise les tempêtes n'apportait point le repos à son âme.

L'orgueil avait jeté de profondes racines dans le cœur de Jacquette ; les bonnes œuvres étaient un aliment nouveau à ce vice horrible, cause de la chûte de Lucifer et de la rébellion d'Adam.

Jacquette s'efforçait d'allier ensemble la pratique de la dévotion avec les vanités du siècle. Une erreur, hélas ! trop commune, est de croire l'alliance entre Dieu et le monde possible. On oublie les anathèmes lancés par Notre-Seigneur Jésus-

Christ contre le monde : notre lâcheté est telle que nous voulons à la fois servir deux maîtres : nous voudrions mener une vie vraiment chrétienne et nous ne voulons pas nous résoudre à nous renoncer nous-même, à condamner ce que Jésus-Christ a condamné, à aimer la pauvreté, les humiliations, les souffrances. Le christianisme, pour un grand nombre, consiste uniquement dans certaines pratiques extérieures de piété et de religion ; mais le divin Maître nous assure que ceux-là seuls ont le privilége d'être ses disciples, qui marchent à sa suite dans la voie du renoncement et du crucifiement en sacrifiant leur volonté, leur cœur, leur corps au bon vouloir de Dieu. La vraie dévotion, dit saint François de Sales, *est elle-même le parfait amour de Dieu*.[1]. Mademoiselle de Bachelier, nous l'avons dit, voulait être agréable à Dieu et au monde ; elle faisait deux parts de son cœur pour n'en donner qu'une seule à celui qui remplit l'univers : elle protestait de son éternelle fidélité au Seigneur sans quitter les fêtes mondaines et ces vains amusements qui sont autant de liens dont Satan se sert pour rendre les âmes esclaves et les empêcher d'aller à Dieu. Mille fois notre héroïne avait résolu de briser ces tristes chaînes. Vaines résolutions ! efforts stériles ! résultat de l'égoïsme secret qui régnait dans le cœur de Jacquette.

Dieu n'a point pour agréables les dons que lui présente une main avare ; il aime

---

[1] *Introduction à la vie dévote*, Chap. I.

les cœurs généreux et magnanimes.

Jacquette résolut d'être docile à la voix du ciel qui l'appelait. « J'ai promis à
» Dieu bien souvent, dit-elle, de lui
» être fidèle : qu'elle raison peut me dis-
» penser de garder mes résolutions ! O
» mon âme, foulons aux pieds ces vani-
» tés, ces amusements qui m'empêchent
» de me donner entièrement à Dieu.
» Mon entreprise est grande ; la seule
» connaissance de mon dessein surpren-
» dra ceux qui me doivent aider à l'ac-
» complir. Mes parents feront tous leurs
» efforts pour m'empêcher de le réaliser.
» Ces obstacles seront impuissants à me
» faire abandonner ma résolution. Je suis
» faible, il est vrai, mais le Tout-Puissant
» sera ma force. Ne résistons plus à la
» grâce : il faut enfin se sauver, et dès

» ce moment travaillons à notre salut de
» toutes nos forces. »

Le voyageur ne s'aventure jamais dans un pays inconnu sans prendre avec lui un guide. Pour naviguer sans péril à travers les flots tumultueux de la mer orageuse de ce monde et aller du temps à l'éternité, il est indispensable d'avoir un compagnon expérimenté.

Le téméraire qui serait lui-même son Mentor, périrait infailliblement : Jacquette de Bachelier choisit pour son directeur le Supérieur des Capucins. « Mon Père, dit-elle à ce Religieux, je reconnais, quoique trop tard, la vanité du monde : aidez-moi à le quitter, et ne permettez pas, en me refusant vos salutaires enseignements, que je perde le Paradis. » Ce Père voulant éprouver Mademoiselle de Bachelier lui répondit que sa résolution était peut-être motivée par quelque contradiction essuyée de la part de ses parents, que les personnes de son âge revenaient facilement sur une première détermination. « Hélas ! mon Père, répartit Jacquette, je n'ai point d'autre intention que de me sauver ; ayez compassion de moi, ne me faites point entrer dans le désespoir ; accordez-moi la grâce e je vous demande : Je veux vous ouvrir mon cœur, et vous connaîtrez le désir que j'ai de travailler à la perfection.

Le Supérieur des Capucins accède aux désirs de Jacquette et prend la direction de son âme. Il l'oblige à retrancher absolument ce qui pouvait entretenir en elle l'esprit du monde, règle ses prières et ses jeûnes et substitue à la lecture d'écrits plus ou moins dangereux la lecture de livres de religion et de piété. Jacquette suivit avec exactitude les prescriptions de son Directeur. Peu de temps après, son Directeur lui ordonna de consacrer à la méditation une demi-heure, le matin, avant de sortir de sa maison.

Cet exercice devient obligatoire pour toute personne qui veut progresser dans la vie spirituelle. Sans la méditation, il est bien difficile d'arriver à une connaissance parfaite de soi-même, partant, de se sauver.

Un homme d'oraison, au contraire, marche à grands pas dans les voies de la sainteté. Sainte Thérèse assure qu'il est impossible qu'une personne qui médite seulement un quart d'heure chaque jour se perde.

L'esprit de Jacquette était encore rempli des idées du monde, il ne pouvait s'élever à la contemplation des vérités chrétiennes. Pendant que son corps était dans la retraite, son esprit était le théâtre où mille objets étaient représentés. Dieu la prévenait souvent de ses divines consolations, douceurs ineffables, avant-goût des délices du Paradis. Dans ces heureux moments, l'âme jouit des célestes embrasements ; elle puise à longs traits sur le sein de Dieu, le lait de l'amour divin, se détache des vanités du siècle et se renouvelle dans sa première ferveur.

CHAPITRE V.

**MADEMOISELLE DE BACHELIER
DEMANDE A ENTRER DANS L'ORDRE DE SAINT-FRANÇOIS.**

Mademoiselle de Bachelier n'avait fait connaître à personne la résolution qu'elle avait prise d'entrer dans un Ordre religieux. C'était là le secret de son cœur ; elle ne savait comment le déclarer. Un jour où l'Eglise célébrait la fête de la

Pentecôte, Jacquette, après s'être approchée de la Table eucharistique, se sentant animée d'une ferveur extraordinaire, dévoile en ces termes ses projets à son Directeur : « Mon Père, jusqu'ici
» j'ai craint de vous découvrir entière-
» ment mon cœur, parce que la faveur
» que j'ai à vous demander est grande.
» Mes paroles vous jetteront dans l'éton-
» nement, mais je vous conjure de ne
» point vous opposer aux mouvements
» du Saint-Esprit. Un mal comme le
» mien ne se peut guérir que par un
» remède extraordinaire. J'ai aimé le
» monde et je l'ai servi ; il semble qu'il
» ait quelque droit sur moi, puisque je
» porte ses livrées. Je vous conjure par
» le zèle que vous avez témoigné pour
» mon salut de me donner le saint habit

» de votre Ordre, pour faire pénitence
» tout le temps de ma vie. »

Elle dit et se jette aux pieds de son Directeur le conjurant avec larmes d'accéder à ses désirs.

Ce Père, vivement surpris d'une demande aussi étrange, recule de quelques pas, commande à Jacquette de se relever, et après un instant de réflexion lui dit : Je n'ai jamais vu donner l'habit des Capucins à une fille. A la vérité, il y a des Capucines dans le monde, je n'ai pas la volonté d'en procurer l'établissement dans Béziers.

Jacquette ne se décourage point, elle réitère sa demande plusieurs fois. Elle ne voyait jamais son Directeur sans le prier de favoriser son dessein.

C'est là mon unique affaire, lui disait-elle, je ne puis faire mon salut que par ce moyen. Vous répondrez devant Dieu de mon âme.

Elle ne put rien obtenir de ce Père ni de son successeur. Pour contenter sa ferveur, on lui permit de pratiquer en secret quelques mortifications extraordinaires; mais les disciplines, les jeûnes et les austérités ne faisaient qu'accroître ses désirs et multiplier ses instances. L'an 1588, les Capucins de cette province naissante tinrent leur premier Chapitre : le R. P. Jérôme de la Marche, italien, y fut élu Provincial, et le P. Grégoire de Labadie, Gardien du Couvent de Béziers.

Jacquette qui avait connu le P. Grégoire et à qui elle avait déjà communiqué son dessein, le pria de prendre soin de son âme; elle lui rendit compte de sa conduite pendant son absence : elle lui témoigna qu'elle avait plus que jamais du dégoût pour le monde. Ce Père lui dit que sa vocation venait de l'esprit de Dieu, l'exhorta à la persévérance et promit de parler pour elle au Père Provincial. Cette promesse lui donna une grande consolation et la désolation fit place à une grande joie dans l'âme de Jacquette. Ainsi disparaissent les ténèbres au lever du soleil. Lors de la visite du P. Jérôme au monastère de Béziers, Mlle de Bachelier le supplia de lui donner l'habit des Capucins, faveur après laquelle elle soupirait depuis plus de trois ans.

Ce Père crut une longue préparation nécessaire à l'exécution d'un si grand dessein. Il fit remarquer à Jacquette l'importance de sa demande, lui conseilla de renoncer à une entreprise qui devait lui paraître impossible. Vous pouvez d'ailleurs, ajouta-t-il, entrer dans quelque couvent de religieuses ou vous adonner à la pratique de la dévotion dans la maison de votre père. Mlle de Bachelier persista dans sa résolution et sollicitait vivement les Capucins d'accéder à ses vœux. Plusieurs fois le P. Provincial traita d'indiscret le désir qu'elle témoignait avoir, de mener une vie pénitente sous un habit de Capucin. Néanmoins, il crut ne pas devoir laisser passer sa première année de provincialat, sans donner à Mlle de Bachelier la certitude de voir ses désirs se réaliser.

« Je veux, disait-il dans une visite que lui faisait Mlle de Bachelier, je veux consoler votre esprit ; j'ai exercé votre constance pour augmenter vos désirs. Je vous ai caché mes sentiments pour éprouver votre vocation. J'ai toujours admiré en votre conduite les effets de la grâce divine. Je faisais en secret des vœux pour votre persévérance. Votre demande est fort extraordinaire, nous ne pouvions vous l'accorder à la première sollicitation, sans nous exposer à la censure de tous ceux qui vous connaissent. La résistance de vos parents rendra très-difficile l'exécution de votre dessein : il était donc expédient de vous traiter avec une sévérité qui exerçant votre patience, attirât sur vous de plus amples bénédictions du ciel. Ce mode de conduite nous met à couvert des jugements de ceux qui ignorent le pouvoir de la grâce, et nous justifie contre les plaintes de vos proches. Ayez confiance. Si, dans le Chapitre que nous allons tenir, je suis confirmé dans ma charge, je prendrai les moyens les plus convenables pour réaliser votre projet; si un autre est élu, je lui recommanderai votre affaire. Je ne vous donne pas l'habit de Capucin, parce qu'il est mieux pour vous que je communique votre dessein aux principaux de notre province, afin de rendre cette action plus authentique. Le Père Gardien examinera avec plus de soin votre vocation et en fera un rapport très-fidèle. Pour vous, demandez à Dieu de nouvelles lumières pour connaître sa sainte volonté, et la force pour faire un changement si considérable. Pensez souvent à votre entreprise; ce n'est pas une affaire d'un jour, mais il y va de toute la vie. On n'entre pas dans le désert de la pénitence pour retourner en Egypte. Il vaudrait mieux n'avoir jamais eu la pensée d'un changement que de revenir en arrière, ou de mener une vie lâche dans un état où vous seriez entrée avec faveur. Si, après de sérieuses réflexions, vous vous reconnaissez appelée à ce genre de vie, humiliez-vous devant Dieu, pour attirer sur vous l'abondance de ses grâces qui fortifient votre esprit contre les diverses tentations, dont vous serez attaquée. Soyez toujours constante et Dieu vous départira ses bénédictions. Vos mortifications ne peuvent pas être de longue durée puisque notre vie ressemble à la fumée qui se dissipe en un moment. Vos austérités se changeront en une gloire éternelle. Priez Dieu de nous inspirer la résolution que nous devons prendre sur votre affaire. Consolez-vous en Notre-Seigneur et persévérez. »

En hiver, lorsque le soleil répand ses rayons sur la terre, les plantes flétries par la gelée recouvrent une nouvelle vigueur, relèvent leurs feuilles et les dressent vers le ciel. Mlle de Bachelier en entendant les paroles du R. P. Provincial éprouva une joie indicible ; elle renouvela la résolution de quitter entièrement le monde, bénit mille fois le jour où Dieu l'avait appelée à lui.

A cette heure, les années employées à solliciter la faveur d'être agrégée à l'Ordre de Saint-François, semblaient passées rapides comme un éclair, mais l'avenir paraissait fort long à Jacquette, elle considérait des jours comme des années, et les mois comme des siècles.

Après la réunion du Chapitre, dès que le R. P. Provincial fut de retour à Béziers, Mlle de Bachelier lui demande avec humilité l'accomplissement de sa promesse. Comme on lui persuadait d'obtenir l'agrément de ses père et mère : « Mes parents, dit-elle, me susciteront mille obstacles qui retarderont longtemps l'exécution de mes projets. Si je réalise ma résolution sans la leur communiquer, ils s'en consoleront plus facilement. »

Le P. Provincial ne voulut point donner l'habit de Capucin à Mlle de Bachelier sans le consentement de Mgr Thomas de Bonsi, Évêque de Béziers.

Celui-ci ayant donné son approbation, le R. P. Jérôme assigna à Jacquette le jour où elle devait briser à jamais avec le siècle.

CHAPITRE VI.

MADEMOISELLE DE BACHELIER PREND L'HABIT DE CAPUCIN.

Depuis le jour où M{self}^{lle} de Bachelier avait résolu de faire un éternel divorce avec le monde, les fêtes n'avaient plus d'attrait pour elle ; son esprit était dans la solitude, au milieu des réunions les plus nombreuses. On avait remarqué ses jeûnes ; on l'avait parfois surprise couchée sur le pavé de sa chambre, n'ayant que des sarments pour oreiller. M. et Mme de Bachelier croyaient que Jacquette voulait entrer dans un cloître et embrasser la vie religieuse. Cette pensée les attristait. Ils pressèrent Jacquette de se marier ; lui présentèrent inutilement plusieurs partis. Jacquette découvrait des défauts chez chacun des prétendants. Elle ne se rendit jamais aux vœux de ses parents.

Quoique très-vertueux, M. et Mme de Bachelier n'agissaient pas en vrais chrétiens dans cette circonstance. L'enfant dans une famille est un dépôt dont Dieu demande compte. S'agit-il du choix d'un état de vie, l'enfant doit jouir d'une entière liberté. Le devoir des parents se borne à donner à l'enfant de salutaires conseils, à lui faire connaître les obligations qu'il va contracter, à lui montrer les avantages et les inconvénients de l'état de vie qu'il veut embrasser et à veiller à ce que l'enfant ne se détermine guidé par le caprice, la passion ou de perfides conseillers. Le Ciel assigne à chacun sa place ici-bas ; en suivant les voies de la Providence, l'homme se procure une somme de joies qu'il ne trouvera nulle autre part.

Afin de mieux cacher son dessein, Mlle de Bachelier eut l'adresse de se procurer le bal. Elle invita toutes les personnes de sa connaissance; elle le tint avec pompe et magnificence ; elle était parée très-richement et jamais elle n'avait dansé de plus belle grâce. Plusieurs se persuadaient que ce bal était les avances de ses noces : Erreur ! C'étaient les adieux de Jacquette au siècle.

Après le bal, Mlle de Bachelier brisa ses tours de perles et ses bracelets. Etonnée de cette action, la fille de service ne put s'empêcher de blâmer sa maîtresse de ce qu'elle abimait des objets d'un si grand prix. « Oui, dit Jacquette en laissant échapper un soupir, ils me coûtent cher ces vêtements, ces perles, ces pierreries qui ornent mon corps ; ils me coûtent un temps que j'eusse pu ménager à faire mon salut : quel profit ai-je tiré de toutes ces vanités ?... »

Avant le jour, Mlle de Bachelier sort secrètement de la maison et se rend à l'église des Capucins. L'heure fortunée, objet de nombreux désirs, avait enfin sonné. Après avoir imploré le secours divin, le Père Provincial célèbre le saint sacrifice. Après la messe, Jacquette de Bachelier fait vœu de perpétuelle virginité et reçoit des mains du Père Provincial l'habit qu'elle avait demandé si longtemps et qu'elle devait porter jusqu'à la mort. Ce grand événement de la vie de Mlle de Bachelier avait lieu le 25 Janvier de l'an 1589. Jacquette de Bachelier, que nous appellerons désormais sœur Jacquette, se retira non loin du monastère, dans une maison où on lui avait préparé une chambre. Elle quitta les vêtements qu'elle portait pour revêtir l'habit grossier des Capucins. A mesure qu'elle se dépouillait, elle jetait ses vêtements à un coin, en disant : Adieu, monde, pour jamais !

Mme de Bachelier, désireuse d'aller à la Messe, fait appeler Jacquette. La servante lui dit avec tristesse que Mlle de Bachelier avait dû sortir de grand matin; à mon lever, je ne l'ai point trouvée dans sa chambre, la disposition de son lit me porte à croire qu'elle ne s'y est point couchée. Elle apprend à Madame les faits dont elle avait été témoin la veille au sortir du bal. Mme de Bachelier s'empresse de communiquer toutes ces choses à son mari. Notre fille nous a quittés, répondit celui-ci, pour entrer sans doute dans quelque couvent ; il ne faut pas s'alarmer sans avoir fait des démarches pour en savoir des nouvelles. On la fit demander chez tous les amis de la famille. M. de Bachelier la réclama lui-même dans tous les couvents de religieuses. On ne put rien découvrir. On attendit jusqu'à midi. Vaine attente ! Mlle de

Bachelier ne vient point. Une grande tristesse s'empare de M. et de Mme de Bachelier ; ils ne savent que croire sur le sort de leur fille bien-aimée... Où est cette chère enfant ? Est-elle dans un cloître, ou bien au sortir du bal aurait-elle consenti à perdre son honneur ? Dieu !... Notre fille aurait-elle été ravie à notre amour !... Ces pensées et mille autres agitaient leur esprit et les plongeaient dans une amère et profonde désolation.

Mme de Bachelier laissait éclater la douleur de son âme par ses larmes : « O mère infortunée ! disait-elle, fallait-il mettre au jour une fille pour en recevoir un tel déplaisir ! Et toi, enfant ingrat, objet des plus douces tendresses de mon cœur ! Toi dont les consolations m'ont été plus chères que les miennes ! pouvais-tu oublier les obligations que tu me dois, pour payer mes soins par une action qui va me faire mourir de tristesse ? Je ne puis douter que tu ne nous aie quittés ; les marques en sont trop évidentes ; mais où es-tu maintenant, la plus aimée et la plus inconsidérée de toutes les filles ? Es-tu loin ou près ? Dans une maison particulière ou dans un cloître ?.... Pourquoi n'as-tu pas déclaré tes inclinations ? J'aurais fait violence à mon amour pour ne pas m'opposer à tes desseins..... Ne tarde plus, console ta mère désolée ; viens, hâte-toi, si tu ne veux pas que je succombe sous le poids de la douleur ! Hélas ! je parle à une personne qui ne m'entends pas ! Ah ! mon Dieu, vous êtes juste de punir le désordre de mes affections par elles-mêmes ! N'était-ce pas une folie d'avoir un attachement aussi fort pour une fille qui devait si mal reconnaître mon amour ? Mais au moins, mon Dieu, maintenant que je suis instruite à mes depens, adoucissez par vos consolations l'amertume de ma douleur ! »

Le Père Provincial crut ne devoir pas laisser passer la journée sans faire connaître à la famille de Bachelier le lieu où était Jacquette et le genre de vie extraordinaire que cette noble fille avait adopté. Sur le soir, il rend visite à M. de Bachelier. Après l'avoir engagé à se soumettre aux ordres de la Providence, il lui fait connaître la détermination de Jacquette, le conjure de ne pas mettre obstacle à une vocation aussi extraordinaire, et l'engage à la venir voir.

M. de Bachelier suivit le Capucin sans faire aucune réplique.

Sœur Jacquette était dans une petite chambre dont le mobilier consistait en une table et une pauvre couche.

Un vil chapeau avait remplacé son élégante coiffure. Elle était revêtue d'une tunique de gros drap sans linge ; elle portait une grosse corde en guise de ceinture ; elle avait coupé les cheveux et avait serré la tête avec un linge blanc; elle avait aux pieds des sandales sans bas. Lorsque le Capucin se présenta, sœur Jacquette tenait un crucifix à la main. En voyant sa fille dans cet état, M. de Bachelier s'arrête, demeure debout, immobile, appuyé contre la muraille, sans proférer une parole. Vous auriez dit une statue...

— « Est-ce un songe ou une réalité, s'écria-t-il après un moment de pénible silence !... Est-ce un fantôme ou vois-je ma fille ? »

— « Vos yeux ne vous trompent point, Monsieur, répartit sœur Jacquette en se jetant à genoux devant son père. Je porte, il est vrai, un habit de Capucin, mais mon visage et ma voix ne vous permettent pas de douter que je ne sois votre enfant. Je veux mener une vie pénitente ; ne vous opposez pas à mon dessein, je vous en conjure par les tendresses que vous avez toujours eues pour moi. Vous m'avez aimée pour le monde, aimez-moi pour le Ciel. Je ne vous ai point déplu pendant que j'ai vécu dans les vanités du siècle, souffrez maintenant que je les méprise pour me consacrer à Jésus-Christ. Ne craignez point que je me repente de mon action. Dieu me fera la grâce de persévérer dans l'état que j'ai embrassé. Je conserverai précieusement le souvenir du bien que vous m'avez fait; je demanderai à Dieu par mes prières votre prospérité. Voilà les habits que j'ai emportés de votre maison, faites-les retirer pour les vendre et en donner le prix aux pauvres. Ne pensez plus à moi, je vous en conjure, dans le partage de vos biens. Désormais je veux dépendre entièrement de la divine Providence; j'ai une seule chose à vous demander: Donnez, mon aimable père, donnez votre bénédiction à votre fille bien-aimée. Cette faveur lui sera plus utile que tous les biens que vous pourriez lui accorder. »

M. de Bachelier ne put retenir ses larmes, il embrassa sa fille, lui donna sa bénédiction et pria le Père Provincial de l'accompagner auprès de Mme de Bachelier.

Cette mère désolée était dans un état déplorable. Je ne trouve pas étrange, dit le Religieux, après avoir écouté ses plaintes, que vous soyez dans l'affliction. Vos larmes sont légitimes. La croix, vous le savez, est le partage des âmes saintes. Dieu éloigne de nous les objets de notre affection afin de posséder entièrement nos cœurs..... Supportez l'absence de votre fille avec une parfaite résignation à la volonté de Dieu ; n'appréhendez rien ni pour son honneur ni pour sa vie.

Il est vrai que votre fille est morte......

— Ma fille est morte... Ah ! mon Dieu, ma fille est morte, s'écrie avec l'accent de la douleur Mme de Bachelier; disant ces mots, elle allait défaillir, si elle n'eût point été secourue.

— Votre fille est en vie, reprit le R. P. Provincial, mais elle est morte aux vanités du monde pour vivre à toutes les vertus. Pendant cinq ans elle m'a pressé instamment de l'agréger à notre Ordre. Nous n'avons pu sans résister au Saint-Esprit, lui refuser l'habit qu'elle nous a demandé... Votre piété nous fait espérer que vous la laisserez dans l'état où elle est, et qu'elle ne peut quitter avec innocence selon Dieu, ni avec honneur selon le monde. Si nous n'étions pas à l'entrée de la nuit, je vous prierais de venir la voir.

— Il n'est point d'obstacle qui me retienne, répartit Mme de Bachelier. La nuit la plus obscure ne saurait m'empêcher d'aller voir ma fille, en quelque lieu qu'elle puisse être.

M. de Bachelier et le Capucin la conduisirent auprès de sœur Jacquette. A la vue de l'état où était sa fille, Mme de Bachelier s'emporta contre les Capucins et leur dit tout ce que la fureur peut suggérer aux âmes qu'elle possède. Sœur Jacquette s'était prosternée aux pieds de sa mère et demandait sa bénédiction. Bientôt la douleur fit place à la colère. Les yeux de Mme de Bachelier devinrent deux fontaines de larmes. Les sanglots l'empêchaient de proférer une parole ; elle était plongée dans un océan d'amertume. On dut l'emporter hors de la chambre et l'obliger de rentrer dans sa maison.

Jacquette, heureuse de la force qu'elle avait reçue d'en Haut dans cette rencontre, passa presque toute la nuit à remercier Dieu et le pria de lui donner la persévérance dans ce genre de vie extraordinaire qu'elle avait embrassé.

CHAPITRE VII.

VIE PÉNITENTE DE SŒUR JACQUETTE DE BACHELIER.

Les bergers, dans nos montagnes, connaissent dès le soir, le temps qu'il fera le lendemain et se trompent rarement dans leur pronostic. L'étude du caractère et des actions d'un petit enfant nous donne jusqu'à un certain point une connaissance anticipée de ce qu'il sera dans la suite. Les progrès d'une âme dans la vie spirituelle sont en rapport avec le désir et l'ardeur qu'elle déploie dès le commencement. En ceci, comme en tout autre sujet, se vérifie ce proverbe fameux : « Celui qui a bien commencé a déjà fait la moitié de son œuvre. » Une conversion parfaite amène inévitablement à une sainteté accomplie. La conversion de Mlle de Bachelier avait été trop extraordinaire pour n'être pas suivie de la pratique des plus belles actions du christianisme.

Le départ de Jacquette avait rendu Mme de Bachelier malade. Celle-ci refusait de prendre de la nourriture et voulait absolument sa fille auprès d'elle. Jacquette craignait de rencontrer dans la maison paternelle des obstacles au genre de vie qu'elle avait embrassé. Le Père Provincial lui ordonna de se rendre auprès de sa mère. Jacquette ayant obtenu la promesse que ses parents lui laisseraient une entière liberté pour ses exercices et sa manière de vivre, obéit à l'ordre de ses supérieurs. On lui assigna pour sa demeure la chambre la plus retirée du commerce du monde et de l'embarras des affaires domestiques. Dès lors la vie de notre héroïne est vraiment extraordinaire. Elle se nourrit d'herbes ou de légumes, encore même ne fait-elle qu'un repas par jour ; elle couche sur des sarments ; elle se donne fréquemment la discipline et se plait à porter le cilice. Elle verse des larmes abondantes et quasi continuelles au souvenir des vanités qu'elle a quittées.

Un exercice très-utile dans le chemin

de la perfection est la lecture de la vie des Saints. Ces héros que l'Eglise propose à notre vénération sont nos frères en Jésus-Christ; ils ont combattu le bon combat. Nous trouvons dans leur vie la connaissance des moyens qu'ils ont employés pour se sanctifier. Plusieurs considèrent seulement les Saints dans l'éclat de leur gloire et ne savent jamais remarquer les échelons qu'ils ont eu à gravir pour arriver à la béatitude éternelle. L'étude de leur vie nous montre la puissance de la religion, la faiblesse de notre nature, la bonté souveraine de Dieu. Parmi les Saints, il en est qui ont vécu dans la même condition que nous, qui ont éprouvé les mêmes difficultés pour le bien, qui ont eu les mêmes passions, rencontré les mêmes obstacles.

Ce qu'ils ont fait, nous pouvons le faire.

La puissance de leur exemple nous entraînera dans le chemin de la vertu.

Jacquette s'appliquait avec soin à la lecture de la *Vie de saint François d'Assise.* Les actions de ce glorieux patriarche étaient les règles qu'elle gardait inviolablement dans sa conduite.

Que sert à l'homme de mettre la main à l'œuvre de sa sanctification s'il manque de constance dans la pratique du bien ? Celui-là seul sera couronné qui aura combattu jusqu'à la fin le bon combat de la vertu contre le vice, de la vérité en face du mensonge, du dévouement en présence de l'égoïsme du cœur humain. C'est pourquoi le Sage nous avertit de préparer notre âme aux tentations, lorsque nous aurons résolu de marcher dans la voie de la sainteté. Dans les divines économies de la Providence les épreuves sont, à des degrés divers, le partage des âmes justes. C'est dans le creuset des humiliations et de la souffrance que le chrétien se purifie. La tentation nous fait rentrer dans l'intime de notre être, nous révèle notre faiblesse, notre misère, le besoin que nous avons du secours de la grâce. D'ailleurs, la vie souffrante de Jésus-Christ doit se perpétuer au sein du christianisme comme un sacrifice continuel d'expiation pour les crimes de l'humanité.

Les commencements de la vie extraordinaire de Jacquette furent très-pénibles. Cette jeune fille fut en proie à une multitude d'épreuves et de tentations. L'état de son âme pouvait être comparé à celui d'un vaisseau ballotté par les vents au milieu d'une mer en furie. Dieu qui ne permet jamais que nous soyons tentés au-dessus de nos forces, donna à Jacquette la constance nécessaire et le triomphe.

Les libertins regardaient son genre de vie comme l'effet du caprice et de la légèreté ; les personnes de piété attribuaient sa conversion à la grâce divine ; les enfants la raillaient et s'attroupaient en nombre à sa suite lorsqu'elle allait à l'église des Capucins. Afin de mettre fin à ces criailleries, un laquais reçut l'ordre de la suivre. Sœur Jacquette obtint par ses instances qu'on lui donnât la liberté de venir aux Capucins sans être accompagnée. Il en coûte de ne point désirer l'estime de ses semblables, mais aimer le mépris est chose bien autrement difficile. Jacquette souffrait d'abord avec peine les humiliations, mais les exemples du divin Sauveur et de saint François fortifiaient son âme. Elle s'estimait heureuse de souffrir quelque chose pour le nom de Jésus. « Il est juste que mon orgueil soit châtié, se disait-elle ; le disciple n'est pas plus que le maître. Je ne dois pas aimer la gloire du monde, je ne dois attendre que mépris de sa part, puisque Vous, ô mon doux Sauveur, avez voulu être traité comme un ver de terre. Faites, Seigneur, que vos bassesses me paraissent grandes et que vos abjections fassent tout mon bonheur. »

Jacquette faisait son chemin comme une personne qui n'a ni des yeux pour voir, ni des oreilles pour entendre les indignités dont on l'accablait et qui eussent lassé une patience moindre que la sienne. Par un de ces revirements qui est la récompense de la constance dans le bien, le monde cessa d'être injuste et n'eut que de la vénération pour Jacquette.

M. et Mme de Bachelier avaient promis de ne jamais parler à leur fille de changement de vie. Mme de Bachelier avait pour Jacquette des tendresses qui surpassaient celles du commun des mères. L'abandon dans lequel on laissait sa fille et les austérités que pratiquait notre héroïne lui causaient un grand chagrin. Elle crut pouvoir se dispenser de tenir sa promesse. « Hé bien, ma chère enfant, dit-elle un jour à Jacquette, jusques à quand voulez-vous continuer ce genre de vie, qui me fait mourir à tout moment ? Pourquoi n'épargnez-vous pas un peu votre corps. Je vous ai toujours aimée et je ne saurais cesser de vous aimer ? Le moyen d'être insensible à vos peines ? Comment voulez-vous... »

L'émotion l'empêcha de continuer et des larmes abondantes s'échappèrent de ses yeux attristés. Sœur Jacquette ne s'était pas préparée à cette rencontre, elle allait consoler sa mère, lorsque sentant son cœur attendri et ses yeux mouillés de larmes, elle craignit que la tendresse n'arrachât de sa bouche quelque parole désavantageuse à sa résolution, et se retira dans sa chambre. Mme de Bachelier se voyant délaissée de sa fille, attribua cette conduite à une sorte de mépris ; elle s'emporta vivement contre

Jacquette, la traita de dénaturée et d'ingrate.

Sœur Jacquette, prosternée devant une image de Jésus crucifié, adressait au Ciel cette prière : « Mon Dieu, vous qui sur la croix avez été abandonné de votre Père céleste, soyez ma protection contre les efforts d'une mère qui, éprise d'un faux amour pour moi, essaie de me retirer de votre service. »

Fortifiée par cette courte mais très-fervente prière, Jacquette se présente à sa mère, lui demande pardon et assure qu'elle s'est retirée pour ne pas augmenter sa douleur. Mme de Bachelier demande pardon à sa fille, s'excuse sur son amour et promet de laisser désormais Jacquette vivre en paix.

CHAPITRE VIII.

ÉPREUVES DE SŒUR JACQUETTE.

Nous possédons en nous-même un très-grand obstacle à la vertu. C'est là une des misères attachées à notre mortalité. Cet obstacle est la concupiscence qui cherche à nous captiver afin de nous rendre esclaves. Celui-là en effet est réduit à l'état d'esclavage qui commet l'iniquité. Sœur Jacquette, malgré des austérités semblables à celles des anciens anachorètes de la Thébaïde, eut à lutter des milliers de fois pendant la première année de sa vie pénitente contre l'aiguillon de la chair, ce redoutable ennemi des âmes. Dieu permit ces tentations afin d'exercer sa fidèle amante à la vertu et de lui donner un nouveau sujet de mérites. Tout ce que la volupté a de charmes se présentait à son esprit : le tableau des plaisirs du monde était présent à son imagination ; mille fois la pensée de renoncer à sa vie pénitente et de rentrer dans le siècle troublait son âme et la mettait à la torture.

Dans cet état, Jacquette avait recours à la prière et manifestait ses tentations au directeur de sa conscience. Ce sont là deux remèdes qu'on a toujours estimés souverains.

Le démon de l'impureté ne redoute rien tant que l'humilité de l'âme qui dévoile ses perfides insinuations. Notre héroïne savait que nul ne peut être continent, s'il ne reçoit cette grâce d'en Haut. La chasteté, cette fille d'un Dieu crucifié, ne nous est donnée que par la grâce, qui découle des plaies de Jésus-Christ, et elle ne se conserve que dans les austérités. La plus violente de toutes les attaques, dont la chair l'ait assaillie, fut au commencement de la seconde année de sa pénitence. C'était en hiver, sœur Jacquette, seule dans sa chambre, pleurait les délices de sa vie passée, lorsque soudain le souvenir des adulations dont elle avait été l'objet, le tableau des fêtes bruyantes auxquelles ses compagnes d'autrefois assistaient, se présentent à sa pensée. Jacquette se sent comme embrasée par les flammes de la volupté, se prosterne devant une croix, et les yeux baignés de larmes, elle adresse au Ciel cette prière : « Ah ! que je suis misérable ! Seigneur, l'orgueil m'a fait mépriser tous ces plaisirs et le désir de vous être agréable ne me donnerait pas assez de fermeté pour les mépriser maintenant que je ne puis les goûter sans sacrilége. Mon Dieu, aidez-moi par votre sainte grâce ; tempérez ce feu qui me dévore : que je meure plutôt que de vous offenser ; ne permettez pas que ce cœur qui vous a été consacré, soit souillé par le péché. Vous voyez, ô mon doux Jésus, vous voyez comme mes plaies se sont cruellement rouvertes. Ma faiblesse est extrême, je ne puis que tomber, si votre main ne me retient, si votre sang ne me fortifie et si vos plaies ne cicatrisent les blessures de mon âme. »

Dieu se plaît à être témoin de la lutte des âmes justes ; parfois il paraît ne pas entendre les cris du fidèle qui l'invoque et ne le délivre pas de la tentation, car ses grâces suffisent pour éviter le péché. L'exercice de la tentation rend le chrétien plus vigoureux dans le combat contre les puissances infernales. Notre âme ressemble à une forteresse, l'ennemi peut dresser contre elle toutes ses batteries de guerre, il peut franchir le fossé qui l'entoure et arriver jusqu'à la porte, mais il lui est impossible de pénétrer dans la place et de la réduire sans notre consentement. Sœur Jacquette ne pouvant se débarrasser de la tentation par la prière, s'efforçait de méditer sur les souffrances de Notre-Seigneur et sur les supplices réservés aux impudiques pendant l'éternité. Son âme agitée par de frivoles images, paraissait insensible à la crainte et à la douleur. Dans cet état, Jacquette se rappelle l'exemple de saint François dans une circonstance analogue; elle veut l'imiter. Pendant la nuit, tandis que tous reposent dans la maison, elle descend dans la basse-cour et roule son corps dans la neige. Cet acte héroïque mit fin à la tentation et lui mérita la grâce d'une singulière protection divine, par laquelle elle ne ressentit plus d'attaques pareilles jusque sur la fin de sa vie. Un peu avant sa mort, sœur Jacquette avoua à son Directeur qu'elle avait conservé sa virginité toute sa vie.

L'épreuve la plus cruelle pour une personne appliquée au service de Dieu est l'aridité spirituelle. Dans cet état, l'âme n'éprouve aucune consolation ; elle trouve le Ciel d'airain et la terre couverte de ronces : les exercices de piété n'apportent aucun soulagement à cet état de langueur.

Sœur Jacquette vécut plusieurs années dans cet état douloureux. Elle méprisait les plaisirs des sens et Dieu lui refusait ses consolations. Mille pensées de désespoir traversaient son esprit. Dans cette lutte terrible, Jacquette se fortifiait par la considération du délaissement de Jésus-Christ sur la croix. Elle s'humiliait à la vue de son indignité et de son néant.

« Lorsque Dieu me donne quelque bonne pensée, disait-elle ordinairement, c'est là un effet de sa bonté et de sa miséricorde ; lorsqu'il me laisse dans l'abandon, c'est un châtiment de mes défauts. » Sœur Jacquette fit de tels progrès dans la piété, qu'elle s'estima heureuse de se trouver dans un état qui lui permettait de participer aux humiliations de Jésus-Christ et de l'aimer d'un amour dégagé de tout intérêt. Elle était du petit nombre de ceux qui suivent Jésus-Christ sur le Calvaire.

Les exercices de piété n'empêchaient pas Jacquette de rendre ses devoirs à M. et Mme de Bachelier. Une des plus graves obligations que la Religion impose à chacun, est l'accomplissement des obligations de son état. Jacquette n'oublia point cet enseignement. Elle faisait ses actions avec une grâce qui charmait ceux qui en étaient témoins ; elle faisait éclater en tout sa mortification, sa douceur, son humilité ; elle recherchait les occupations les plus viles. Ses entretiens charmaient tous les déplaisirs de ses parents ; elle leur prodigua ses soins pendant leur dernière maladie ; elle fit tant, que Mme et M. de Bachelier rendirent leur dernier soupir avec le regret d'avoir fait difficulté pour approuver sa conversion.

CHAPITRE IX.

JACQUETTE ABANDONNE LA MAISON PATERNELLE.

Après la mort de ses parents, Jacquette voulait vendre ses biens et en distribuer le prix aux pauvres, mais son Directeur lui ayant conseillé d'en disposer autrement, elle en fit donation à son frère, M. de Bachelier, se réservant en termes généraux, sans déterminer aucune pension, ce dont l'apôtre saint Paul se contentait : la nourriture et le vêtement. Jacquette abandonna la maison paternelle et vint habiter une petite maison située dans le voisinage du couvent des Capucins. C'était une sorte de caverne basse, étroite, humide, sombre, à peine éclairée pendant quelques heures du jour par une lumière faible et languissante. Elle était complètement dépourvue de meubles. Les Dames qui la visitaient, souffraient de voir sœur Jacquette dans une demeure si pauvre; elles la sollicitèrent mille fois de loger dans leur maison ou de permettre qu'on lui en choisit une plus commode, où on lui enverrait des personnes pour la servir. Jacquette refusa toutes ces offres avec beaucoup de constance et considéra toutes les commodités et tous les aises de la vie comme des amusements trop bas pour mériter les recherches d'une personne qui n'a d'amour que pour Dieu. Elle préférait cette habitation à la demeure splendide de ses pères. Enfermée dans cette solitude, sœur Jacquette voulut commencer une vie nouvelle, comptant pour rien les années passées dans la pratique la plus parfaite des plus sublimes vertus. Elle s'appliqua à l'étude de Notre-Seigneur Jésus-Christ, ce divin prototype de toute sainteté, et de saint François d'Assise, cette copie fidèle du divin Maître. Jacquette se livra avec ardeur à cette étude et fit en peu de temps de grands et rapides progrès dans les voies de la perfection.

Une si grande vertu ne pouvait tarder d'être en butte à de cruelles épreuves.

car la tribulation est ici-bas l'apanage de la sainteté. Le démon a une éternelle horreur pour le bien. Impuissant contre Dieu, il tourne toute sa rage contre les justes et s'efforce de les perdre par une infinité de moyens. Afin de détourner sœur Jacquette de la piété et de l'obliger à abandonner la solitude, il chercha souvent à l'effrayer par des fantômes et d'horribles représentations. Jacquette demeura intrépide au milieu de ses persécutions. Par une permission spéciale de Dieu, Satan la tourmenta dans son corps; plusieurs fois elle fut toute défigurée par suite des meurtrissures qu'elle avait essuyées de la part du diable. Ces mauvais traitements durèrent plusieurs années. Jacquette demeura inébranlable dans son genre de vie. Elle se réjouissait d'être un objet d'horreur à Satan ; elle avait déclaré à cet ennemi de nos âmes une guerre sans relâche et sans merci. Dieu soutenait sa fidèle servante par des secours extraordinaires de sa grâce et la rendait victorieuse de ses ennemis.

Nous n'entreprendrons pas le récit des vertus de sœur Jacquette ; son humilité a dérobé à la connaissance des hommes plusieurs belles actions et la plus grande partie de sa conduite intérieure. Nous nous bornerons à dire quelque chose de celles qui ont brillé d'un plus vif éclat chez cette admirable servante de Dieu.

L'humilité, disent les Pères de la vie spirituelle, est la racine de toutes les vertus. C'est elle qui les produit, les conserve et les couronne toutes en empêchant la vanité de porter atteinte à leur mérite. L'humilité consiste dans la connaissance et le mépris de soi-même et embrasse l'homme tout entier. Elle a pour compagnes inséparables la vérité et la justice. Les Saints ne sont arrivés au Ciel que par l'humilité. Cette vertu a été entre leurs mains une arme puissante avec laquelle ils ont renversé les obstacles qu'ils ont rencontrés dans l'œuvre de leur sanctification ; par elle, ils sont arrivés à la gloire.

Sœur Jacquette se considérait comme une source inépuisable d'imperfections ; elle se croyait digne de la colère de Dieu et du mépris des hommes : elle recherchait avec empressement les humiliations et les supportait avec bonheur. Comme la vanité renaît de ses propres cendres et que tout peut lui servir d'aliment, Jacquette se tenait constamment en garde contre cette passion et pratiquait l'humilité dans toutes ses paroles et dans toute la conduite de sa vie. Elle parlait habituellement l'idiome du pays, rarement le français. Elle voulait par cet artifice cacher sa naissance ou pour le moins son éducation.

Elle dédaignait les mêts délicats dont elle pouvait se nourrir sans aucune crainte à la table de son frère, pour vivre des aumônes qu'on lui apportait par charité.

Cette fille, illustre par sa naissance, qui aurait pu disposer de grandes richesses, se réduisait volontairement à mendier un peu de pain dans son pays natal. Elle se présentait très-souvent à la porte des Capucins pour y recevoir comme les autres pauvres un peu de pain, des herbes ou des légumes.

Après la mort de ses premiers Directeurs (1), elle était très-réservée pour découvrir les faveurs singulières dont le Seigneur la gratifiait. Parlait-on en sa présence du bien qu'elle avait fait ou de ses vertus, elle détournait habilement la conversation, mettant ainsi en pratique ces paroles de saint Jérôme à Eustochium :
« Ne soyez pas plus humble qu'il ne faut,
» de peur que vous ne cherchiez la gloire
» pendant que vous faites semblant de
» la fuir. »

Sœur Jacquette défendait les intérêts de l'Ordre de Saint-François avec un zèle

---

(1) Les premiers Directeurs de sœur Jacquette étaient des Capucins italiens.

qui ne pouvait souffrir la moindre imperfection. Elle disait en toute liberté ses sentiments à ce sujet aux Religieux. Elle les exhortait à la pratique de l'humilité et de la pauvreté et leur proposait l'exemple des premiers fondateurs. Un des défauts pour lesquels elle avait une singulière aversion, était l'attache aux objets de piété, tels que les Reliquaires, les Agnus-Dei. Elle prétendait que cet attachement était une propriété palliée et le premier pas à la prévarication. Cette franchise de langage lui attirait beaucoup de mortifications. Parfois des Religieux lui disaient que son zèle l'emportait jusque dans le murmure. « Vous avez raison, répondait-elle avec douceur, je n'ai des yeux que pour examiner les actions des autres. Je vous demande pardon de ma liberté. Je croyais être animée d'un véritable zèle pour l'honneur de notre Ordre. »

Si on lui demandait pourquoi elle ne se retirait point dans un cloître, elle répondait : Dieu ne m'a point appelée à cela, j'étais trop orgueilleuse pour mériter cette faveur : le bonheur des Religieuses est au-delà de ce que l'on peut en penser. Si les jeunes filles en avaient toutes une connaissance parfaite, on serait en peine d'en trouver pour le mariage.

L'exemple de sœur Jacquette attira plusieurs personnes à la pratique de la piété. Plusieurs jeunes filles demandèrent à être reçues en sa compagnie et à vivre sous sa discipline. Jacquette voulait éviter l'honneur d'une nouvelle institution ; elle leur parla de la vie claustrale et les pressa de choisir entre le cloître et le mariage, parce que, disait-elle, vouloir garder la virginité dans le monde, c'est se jeter dans la tempête et s'exposer à mille difficultés.

Elle n'avait que du mépris pour tout ce qu'elle faisait et elle ne croyait pas avoir encore fait le premier pas dans le chemin de la vertu.

Lui demandait-on depuis combien de temps elle menait ce genre de vie extraordinaire ?

— Je ne le rappelle point, répondait-elle d'abord.

La pressait-on de répondre ?

— Ma vie, disait-elle, est un tissu d'imperfections, je ne fais rien pour le service de Dieu, et il ne faut pas que je tienne compte des jours et des années que j'emploie si mal.

Un puissant moyen d'acquérir l'humilité est de supporter avec patience les humiliations qui nous viennent de la part des créatures. Les humiliations volontaires apportent à l'âme je ne sais quelle secrète satisfaction, fruit d'un orgueil caché qui nuit au mérite de nos actions. La pierre de touche de la véritable humilité est les abaissements que nous éprouvons malgré nous. Se renoncer soi-même, étouffer dans son âme tout mouvement de chagrin et de murmure lorsqu'on est exposé au mépris des hommes, est la preuve indubitable d'une véritable humilité. Les Capucins soumettaient sœur Jacquette à une multitude d'épreuves de ce genre. Elle se présentait rarement à la porte du monastère sans recevoir quelque mortification.

Un jour elle demandait à parler au Père Provincial :

— Vous êtes une importune, lui répondit d'un ton aigre le Frère portier ; croyez-vous que le Père Provincial soit venu pour écouter vos bigoteries ? il a bien d'autres affaires. Oui, il viendra, mais ce sera pour vous ôter l'habit que vous portez si indignement.

Cela dit, il ferme la porte d'une manière assez brusque.

Le Provincial étant descendu, sœur Jacquette reçut sa bénédiction à genoux, selon son habitude, rendit compte de la conduite de sa vie et fit l'éloge du Frère portier, assurant qu'elle lui avait de grandes obligations pour la peine qu'elle lui causait et pour les charités qu'elle en recevait. De la sorte, cette servante de

Dieu rendait des fleurs pour des épines.

L'humilité, a dit saint Bonaventure, est un sacrificateur. La victime la plus agréable à Dieu qu'elle puisse immoler est la soumission du propre jugement à l'autorité des supérieurs. Dieu préfère l'obéissance au sacrifice.

L'attache au propre jugement apporte de grands obstacles à notre avancement dans la vie spirituelle. Ces obstacles sont très-difficiles à vaincre, parce que nous sommes ingénieux à nous séduire par mille prétextes fort spécieux que nous n'oserions pas condamner, et moins encore combattre, parce qu'ils nous paraissent raisonnables. Ce défaut n'est que trop ordinaire parmi les personnes adonnées à la piété. Combien, après avoir formé quelque dessein, sont opiniâtres en leur résolution et demeurent inflexibles contre tous les avis qu'on leur donne. Une solide et véritable dévotion est bien rare ; on ne trouve pas souvent des personnes détachées de leur propre sentiment ; nous nous conduisons par caprice, aussi sommes-nous loin de plaire au Seigneur ; car Dieu ne regarde point d'un œil favorable les actions marquées au coin de la propre volonté. Ce défaut ne trouva point de place dans la vie de sœur Jacquette. Elle se portait à tous ses exercices avec un esprit entièrement dégagé de ses propres sentiments. Un signe de ses Supérieurs suffisait pour lui faire changer ses résolutions.

Sœur Jacquette faisait toujours abstinence et ne buvait jamais de vin : sa vie était un carême perpétuel. Pendant plusieurs années après sa conversion, elle mangea seulement du pain et des herbes en si petite quantité, qu'il semblait impossible qu'elle put en être naturellement substantée. Son Directeur lui ayant commandé de prendre une nourriture proportionnée à ses besoins, Jacquette augmenta sa réfection. Quelquefois, afin d'éprouver sa vertu, ses Supérieurs lui prescrivaient de manger de la viande ; Jacquette obéissait aussitôt. Souvent elle cessait par obéissance de lire un livre dont la lecture pouvait procurer quelque consolation à son âme, pour en lire un autre qui lui était inconnu.

Voulait-elle recevoir l'adorable Sacrement de l'Autel ? on la renvoyait parfois à un autre jour.

Cet esprit d'humilité parut d'une manière éclatante dans la circonstance suivante :

C'était le jour de la fête de saint François.

Sœur Jacquette considérait ce bienheureux patriarche comme son père et son protecteur et avait une confiance entière et une singulière dévotion à l'égard de ce Saint. Elle faisait profession d'imiter ses vertus ; elle s'était préparée à la communion par des austérités extraordinaires. Elle se présentait à la sainte Table, lorsqu'un Religieux la pria de se retirer. Jacquette obéit à l'instant, sans se préoccuper de ce que penseraient les personnes témoins de ce fait, et adressa au Ciel cette prière :

« Mon Dieu, seul objet de tous mes

» désirs ; mon cœur brûle des flammes
» de votre amour : je soupirais après
» votre adorable Sacrement, désireuse
» de m'unir à Vous. Mon âme altérée
» s'approchait de cette fontaine de grâce,
» pour trouver quelque rafraîchissement
» à ses ardeurs ; je m'en prive néanmoins
» parce que telle est votre volonté ; rece-
» vez ce sacrifice de mon obéissance, je
» ne veux vous posséder et jouir de votre
» présence que conformément à votre
» sainte volonté. Hélas ! n'est-ce pas me
» tromper que de prétendre vous aimer ?
» Quelle présomption ! Comment ai-je
» eu la hardiesse de me présenter à cette
» Table ? Je suis trop indigne, pour
» m'approcher de vous. Après avoir
» provoqué votre colère par le mépris de
» vos grâces, je mériterais d'être écrasée

» sous les coups de votre justice. C'est
» assez de me souffrir devant votre saint
» autel. Seigneur, pardonnez à cette
» misérable, une témérité qui est l'effet
» de son amour ! Si je ne vous aime point,
» au moins je désire vous aimer ! O doux
» Jésus, je ne saurais être insensible à
» vos bienfaits ! »

Elle était dans ces sentiments lorsque, guidé par une sorte d'inspiration intérieure, le Père Gardien lui envoie un Religieux pour lui donner la permission de communier. A cette nouvelle, semblable à ces torrents impétueux qui précipitent leurs eaux à travers les vallées de nos montagnes, l'âme de Jacquette s'exhale en saints transports envers Notre-Seigneur, elle s'approche de la Table eucharistique avec des sentiments de dévotion que la parole humaine ne saurait exprimer.

Dieu récompensa sa ferveur par des consolations incomparablement plus douces que toutes celles qu'elle avait expérimentées jusqu'à cette époque.

CHAPITRE X.

PAUVRETÉ ET AUSTÉRITÉS DE JACQUETTE. — SA FERVEUR. SES EXTASES. — SON ZÈLE.

Les oiseaux du ciel ont leur nid, les renards leur tannière, mais le Fils de l'homme n'avait pas où reposer sa tête. La pauvreté est un puissant moyen d'arriver à la perfection. Heureux les pauvres, a dit le Fils de Dieu fait homme.

Jésus-Christ. La pauvreté nous maintient dans la dépendance et la soumission. Cette vertu nous élève au-dessus des choses sensibles et nous donne le moyen d'aimer Dieu en lui-même ; elle procure à l'âme une grande liberté et une paix profonde.

Le véritable pauvre ne craint point de perdre, ne songe pas à acquérir, n'a pas de souci pour conserver. Il méprise ce que le monde adore et foule aux pieds l'idole de la Fortune, aux pieds de laquelle chacun se prosterne dans notre siècle de sensualisme.

Aimable pauvreté, puisses-tu captiver les âmes au point de les passionner !

De nos jours on hait le pauvre et on crée le mendiant orgueilleux qui ne prie pas, mais frappe à la porte et ouvre, réclamant du pain, parce qu'il a droit à la vie. On veut abolir la pauvreté et on fait le paupérisme.

Les exemples de Jacquette se présentent à nos regards et nous disent en quoi consistent la véritable grandeur et la vraie richesse. Héritière d'un grand nom et d'une immense fortune, Jacquette renonce à ses biens et se réduit volontairement à mendier un peu de pain, prouvant à notre époque de décadence morale que la pauvreté n'est point un mal et que, malgré tous les systèmes et les utopies de nos prétendus Sages, il y aura toujours des pauvres dans le monde, parce qu'il y aura toujours des âmes éprises d'amour pour les humiliations de la Croix. Les hommes les traiteront de folles et d'ignorantes, mais ces insensées selon le monde, possèderont la vraie sagesse et apprendront aux hommes la véritable science, car ce qui paraît sage et puissant aux yeux des hommes n'est souvent que folie et faiblesse devant Dieu.

A la mort de son frère, Jacquette rentra en possession des biens dont elle s'était dépouillée. Elle en fait donation à Catherine de Bachelier, sa nièce, en se réservant une très-modique pension dont elle ne jouit pas longtemps, soit parce que ses parents furent obligés de supporter les frais de quelque grand procès, soit parce que toutes les fois qu'on voulait lui offrir quelque chose à titre de paiement, elle le refusait avec mépris et indignation. Elle ne permettait pas qu'on eût recours à l'argent, si ce n'est pour des nécessités indispensables. Elle avait coutume de dire à Guillemette : Ne craignez point, ayez confiance en Dieu. Celui qui n'abandonne jamais ceux qui se confient en Lui, les faisait secourir dans leurs besoins par des aumônes imprévues.

Jacquette méprisait par amour pour Jésus-Christ toutes les commodités de la vie et s'efforçait d'accomplir dans sa chair ce qui manquait aux souffrances du divin Maître.

Les austérités que cette illustre servante de Dieu a pratiquées sont extraordinaires et prodigieuses. Sa vie était un carême perpétuel. Ses vêtements étaient d'un drap grossier, semblable à celui des Capucins. Elle portait sur sa chair un rude cilice, qui par la suite du temps s'était tout enfoncé dans la peau. Elle n'alluma jamais le feu dans sa chambre ; elle prenait la discipline avec une si grande ferveur, que parfois le sang ruisselait à terre. Elle croyait accorder à son corps un très-doux traitement lorsqu'elle reposait sur une sorte de paillasse.

Jacquette était plus heureuse dans les humiliations et les souffrances que nous le sommes au sein des grandeurs et des plaisirs. Cette fidèle amante de la croix était avide de se rendre semblable à l'objet aimé par les privations et la douleur. Les plaies de Jésus-Christ étaient un sanctuaire mystérieux où sœur Jacquette aimait à se retirer et où elle éprouvait des douceurs ineffables.

O aimable solitude ! bonheur des âmes pieuses, jusques à quand serez-vous inaccessible à nos cœurs ?...

Jacquette se conservait constamment en la présence de Dieu et le considérait présent dans les créatures; elle se portait vers Lui avec ardeur. Qui nous dira la sublimité de son oraison ; quelle plume assez habile pourra décrire les séraphiques ardeurs de ce cœur consumé par les flammes du divin amour ? Cette tâche nous est impossible, un saint peut seul parler dignement d'un saint et dire quelque chose de ce feu sacré que Jésus-Christ est venu apporter sur la terre.

Jacquette était embrasée de l'amour divin ; ce feu avait tant de force que son corps participait à ses ardeurs. La sainte Eucharistie était le foyer où son cœur allait s'embraser des divines flammes. Le dimanche et plusieurs fois la semaine, elle s'approchait de la Table sainte avec les sentiments d'une dévotion séraphique. Après la communion, elle ne respirait que flammes d'amour et pouvait dire en toute vérité : « Je ne vis point de ma propre vie, mais de la vie de Dieu même. » *Vivo jam non ego, vivit vero in me Christus.*

L'Eucharistie est l'aliment de la vie chrétienne. Tout chrétien y trouve la vie véritable. De nos jours on ne rencontre que défaillances, abaissements, pauvretés, parce que les hommes ont abandonné la Table sainte. Le principe de toute régénération et le levier de la sainteté sont dans l'Eucharistie.

L'homme ne vit pas seulement de pain mais de toute parole qui sort de la bouche de Dieu. Cet oracle s'est vérifié dans la personne de Jacquette. En hiver comme en été, elle se rendait à la pointe du jour à la porte des Capucins. Là, elle faisait sa prière en attendant l'ouverture de l'église. Elle entendait la Messe et ne sortait presque pas de tout le jour, si elle n'y était obligée pour quelque œuvre de piété ou de charité.

L'an 1612, les Capucins obtinrent du Cardinal de Bonsi, Evêque de Béziers, l'autorisation de célébrer l'Oraison des Quarante-Heures, afin de réfuter les erreurs de Codure, ministre de Boujan, et de venger l'honneur de la Mère de Dieu, indignement outragée par les blasphèmes de cet hérétique.

Cette cérémonie eut lieu dans l'église des Pénitents noirs. Le peuple s'y rendit en foule. Jacquette y vint dès le commencement, se mit à genoux au fond de l'église et y demeura comme immobile pendant les quarante heures, les yeux fixés sur le Saint-Sacrement. Tous ceux qui la voyaient étaient frappés de sa modestie et se sentaient portés à la piété. On croit généralement qu'elle ne prit point d'aliments pendant ces deux jours et que la parole de Dieu fut sa nourriture. Elle priait pour tous les hommes, mais particulièrement pour les pécheurs et les infidèles, principalement vers la fin de sa vie. « La volonté de Dieu, disait-elle, est que je me souvienne d'eux dans mes prières. »

Plusieurs fois, pendant ses ferventes oraisons, le diable lui causa une démangeaison très-sensible au visage, comme si elle eût eu le visage couvert de mouches et d'autres petits insectes. Notre héroïne s'en émut tout d'abord et en ressentit quelque trouble. Ayant connu que c'était là une tentation de l'Esprit malin, elle demeurait immobile sans porter la main au visage, et par sa patience elle mérita d'être délivrée de cette importune tentation.

Dieu ne se laisse point vaincre en générosité.

Il récompense par les délices ineffables de l'esprit, les humiliations et les crucifiements de la chair.

Après plusieurs années passées dans l'aridité, le trouble, les tentations, Dieu prévint Jacquette de ses bénédictions. Le bonheur qu'elle éprouvait dans son cœur paraissait au dehors. Un rayonnement de la grâce divine illuminait parfois le visage de notre héroïne et lui donnait un certain éclat.

Jacquette buvait à longs traits à la coupe des célestes voluptés. Une sorte d'enivrement s'emparait d'elle et souvent elle était ravie en extase.

D'après le témoignage de ses Directeurs, pendant quatorze ans, Jacquette était tous les matins si fort absorbée en Dieu par la contemplation de ses mystères, que durant l'espace de six heures, son âme était plus dans le ciel que dans son corps. Dans cet état, Jacquette était incapable de faire des prières vocales, elle se bornait à prononcer les paroles suivantes avec de longues interruptions :

« Seigneur !... Alleluia !... Gloire soit
» au Père, au Fils et au Saint-Esprit !...
» Miséricorde ! miséricorde ! »

Ces mêmes paroles lui servaient d'oraisons jaculatoires pendant le reste du jour. Un soir, tandis qu'elle faisait sa méditation dans l'église des Capucins, on ferme les portes sans prendre garde à elle. A minuit, le sacristain étant descendu au chœur pour sonner Matines, vit une grande clarté dans l'église. Ayant remarqué qu'elle sortait de la chapelle où est le sépulcre des Religieux, il est saisi de frayeur et avait déjà pris la fuite, lorsqu'il est rencontré par les autres Religieux qui descendaient pour chanter l'office divin. On l'interroge... On veut connaître la cause de sa frayeur..... A peine a-t-il assez de voix pour s'expliquer tant il est ému. Le Père Gardien et les autres Religieux allèrent voir ce que c'était. Ils trouvent sœur Jacquette élevée en l'air, les bras étendus, ravie en extase, et environnée d'une céleste clarté.

D'après le témoignage plusieurs fois réitéré de Mlle de Boujac, ces ravissements avaient également lieu lorsque sœur Jacquette parlait du paradis.

Un jour, dit cette personne, je parlais du ciel en présence de Jacquette. Cette servante de Dieu poussa quelques soupirs, tint ses yeux immobiles tournés vers le ciel et la tête penchée du côté droit. Ignorant que ce fût là une faveur divine, je lui soutenais la tête de mes mains. « Lorsque de semblables choses m'arriveront en votre présence, me dit Jacquette revenue de cette extase, ne vous mettez point en peine ; vous pouvez sans crainte me laisser en la posture que je tiendrai et vous retirer sans interrompre mon repos. »

De cette ardente charité pour Dieu provenait le zèle du salut des âmes et un amour ardent pour le prochain. On a vu plusieurs fois Jacquette, à l'exemple de saint François, s'inviter elle-même à manger chez les séculiers afin de leur enseigner la pratique de la vertu par ses actions et par ses paroles.

Elle recherchait l'occasion de parler aux personnes qui menaient une vie scandaleuse, leur représentait l'énormité de leur crime, l'immense préjudice qu'elles se portaient à elles-mêmes en se privant de l'amitié de Dieu et en perdant le Paradis.

Jacquette faisait ces corrections avec une grande douceur et beaucoup d'adresse.

Il était rare que ses avis charitables fussent repoussés ; le plus souvent ceux qui en étaient l'objet témoignaient leur reconnaissance par l'amendement de leur vie.

Sœur Jacquette ne se contentait pas d'empêcher la perte des âmes, elle s'employait à conduire à la perfection les personnes dévotes. Elle reprenait amicalement les jeunes filles attachées aux vanités du siècle. Les parures mondaines sont des chaînes par lesquelles le diable traîne les âmes en enfer.

« Quel profit, leur disait Jacquette, retirez-vous de vous laisser emporter à l'inconstance des modes et de ne vivre que de l'esprit du monde ? Si vous aviez employé autant de temps à servir Dieu et autant de soin à lui plaire que vous en avez perdu pour vous rendre agréable aux yeux des hommes, vous seriez une grande sainte. Il faut se sanctifier. J'étais plus que vous attachée aux vanités du monde et ma vie était bien plus dans le dérèglement que la vôtre, mais Dieu dans sa miséricorde m'en a fait connaître l'abus et m'en a donné du mépris ; vous aussi, vous regarderez bientôt, je l'espère, avec indifférence et même avec dédain ce que présentement vous estimez. Au moins modérerez-vous un peu la passion qui vous y attache. Cela vous paraît difficile, mais si vous aimez Dieu, vous surmonterez tous les obstacles. Après tout, ne faut-il pas mourir et quitter par force ce que vous aimez tant ? »

Ces paroles étaient accompagnées de mille témoignages d'affection, et persuadaient efficacement la modestie chrétienne aux jeunes filles.

Une jeune personne se trouvait exposée au danger de se perdre, sœur Jacquette lui donna l'hospitalité, lui enseigna la pratique de la vertu et l'attira à une vie pénitente. Après huit ans passés dans l'exercice de la pénitence, cette personne mourut en odeur de sainteté. Sœur Jacquette vit son âme monter au ciel par un chemin tout lumineux. Jacquette ne reçut jamais une plus douce consolation. Elle s'estima heureuse d'avoir été choisie de Dieu pour former cette âme à la vertu et la faire marcher dans les voies de la sainteté.

La congrégation de Sainte-Elisabeth fut le théâtre où Jacquette exerça son zèle avec une grande puissance. La grâce perfectionne la nature, mais ne la détruit point. Notre héroïne conserva toujours cette amenité de caractère et ces manières distinguées, fruit de son éducation. Elle usait de sévérité pour elle-même ; elle faisait consister la dévotion dans la pratique de la vertu et de ses devoirs ; elle était pleine de douceur pour les autres et savait se faire toute à tous pour les gagner tous à Jésus-Christ. Elle n'ignorait point qu'il faut accommoder toute la pratique de la dévotion à la santé, aux affaires, aux devoirs de chaque particulier. Les filles, les femmes mariées, les veuves trouvaient en elle leur consolation. Sœur Jacquette savait leur inspirer une grande confiance. Elle compatissait à leurs peines et adaptait si bien ses paroles à leur condition, que l'on eût dit qu'elle était passée par tous les états. Elle écoutait volontiers les personnes qui, étant venues la visiter, parlaient d'affaires domestiques ou de choses indifférentes; elle les édifiait par de saintes réflexions et gagnait les cœurs à la piété avec une douceur ineffable.

Elle était très-reservée à l'égard des hommes; elle ne leur permettait pas l'entrée de sa maison. Un jeune homme étant monté à sa chambre pour lui offrir ses services pendant sa maladie, Jacquette le congédia avec rudesse.

Sœur Jacquette était un modèle de perfection; sa vie était sans reproches et d'une sainteté si éclatante que tous avaient pour elle une singulière vénération. Ses œuvres portaient à la pratique du bien et ses paroles étaient des leçons de vertu. Sa présence seule était un obstacle au mal. Pendant le temps du Carnaval ou en d'autres temps où avaient lieu des danses publiques dans la ville, on les interrompait et on faisait cesser le tambour et les hautbois dans le voisinage de la maison de Jacquette.

En ce temps-là, nous l'avons dit, fut instituée à Béziers la Congrégation de Sainte-Elisabeth. Thomas de Bonsi, successeur du Cardinal Strozzi, vers l'an 1575, sur le siége épiscopal de Béziers, dressa lui-même les statuts de cette Congrégation, en confia la direction aux Capucins et régla si bien les exercices de piété que les femmes engagées dans le mariage et les jeunes filles qui ne se croyaient point appelées au cloître, y trouvaient le moyen de mener une vie

approchante de celle des Religieuses.
L'illustre Prélat leur prescrivait les prières
à faire, les mortifications à pratiquer,
la manière d'assister les pauvres honteux
ou malades.

Le Pape Paul V, à la prière du successeur de Thomas de Bonsi, Jean de Bonsi (1), un des plus grands hommes de son siècle, enrichit cette Congrégation d'un grand nombre d'indulgences. Jacquette entra dans ce nouvel institut et se rendit par son assiduité et sa ferveur l'exemplaire sur lequel les autres réglaient leurs actions. Il est de la dernière importance de bien policer les femmes et de les

---

(1) Jean de Bonsi, évêque de Béziers, devint Cardinal du titre de Saint-Clément et membre de la Congrégation du Saint-Office.

former à la pratique de la vertu et à l'amour du devoir, car il est des vices héréditaires dans les familles et qui passent des mères aux enfants. La femme a une grande mission à remplir ici-bas. La société sera toujours plus ou moins bonne selon que la femme aura été plus ou moins vertueuse. La ruine ou la prospérité d'un peuple dépend essentiellement du dégré de décrépitude ou de vertu que l'on rencontre chez la femme, car la femme est la mère et la première éducatrice des hommes. Un arbre mauvais ne produit point de bons fruits. Les eaux d'une source empoisonnée ne peuvent que donner la mort.

Sœur Jacquette s'appliquait avec zèle à procurer le bien de la Congrégation de Sainte-Elisabeth. On avait une si grande estime de son mérite, que rien ne se faisait dans l'institut, sans connaître son avis. Plusieurs fois, les Sœurs, d'un commun consentement, voulurent élire Jacquette pour supérieure. Elle s'opposa toujours à leur dessein, et quelques prières qu'on lui fit d'accepter cette charge, son humilité s'en défendit puissamment. Elle se portait avec tant d'assiduité à tous les exercices de cette Congrégation, qu'en parlant du lieu où ses membres s'assemblaient, on ne disait pas la chapelle de Sainte-Elisabeth, mais la chapelle de sœur Jacquette.

CHAPITRE XI.

JACQUETTE EST EXPOSÉE A UN DANGER EVIDENT DE PERDRE LA VIE.

Dans la vie chrétienne, ce qui importe le plus n'est point le commencement, mais la fin. La couronne est promise à la persévérance finale, c'est pourquoi l'apôtre saint Paul avertit celui qui est debout de prendre garde de ne pas tomber. Cette persévérance finale est le fruit des prières que nous adressons au Ciel à cet effet et des sacrifices constants que nous nous imposons dans l'accomplissement du devoir. Dieu ne doit cette faveur à personne : elle est le fait de sa pure libéralité. Le chrétien doit se défier sans cesse de lui-même et avoir constamment devant les yeux la fragilité humaine. Un souffle de vanité, d'avarice ou de luxure a ébranlé des colonnes dans la cité de Dieu et Sion a pleuré la mort d'un grand nombre de ses fils qui après s'être élevés jusque dans le Ciel pour se nourrir avec les Anges, ont recherché les immondices de la terre et ont échangé l'or pur de la charité pour l'amour frivole de la créature mensongère.

Les insensés ! ils sont devenus semblables à l'exilé qui, pressé d'un vif désir de revoir le toit de ses aïeux, prend avec lui son bâton de voyage et s'avance d'un pas rapide vers le pays de ses premières années, mais bientôt la chaleur du jour, les difficultés du chemin, la longueur de la route attristent son âme ; cédant à la fatigue, il s'assied et renonce aux douceurs de la patrie, lui préférant les suavités amères d'un dur exil.

On ne trouve rien de semblable dans la vie de sœur Jacquette de Bachelier ; plus elle avançait vers la mort, plus elle se portait à la pénitence. Elle avait un désir insatiable de souffrir et l'objet de ses prières était la participation aux douleurs de la croix. Très-rigide pour elle-même, Jacquette se sanctifiait par la pratique de la pénitence la plus austère. Les douze dernières années de sa vie, elle fut en proie à une maladie qui lui occasionna de très-violentes douleurs. Malgré ses souffrances, Jacquette ne cessa point, pendant les premières années de sa maladie, de se rendre à l'église et de vaquer à ses exercices de piété, mais la violence du mal la mit dans l'impossibilité de sortir. Notre héroïne est réduite à demeurer seule sur son grabat. Détenue dans sa cellule par ses infirmités, Jacquette souffrait amèrement de ne pouvoir pas se rendre à l'église ; mais sa pensée se portait souvent vers le Dieu de l'Eucharistie, Dieu consolait sa servante par une faveur particulière. Ordinairement, vers minuit, une lumière céleste éclairait sa chambre comme en plein jour et laissait en disparaissant sœur Jacquette dans une profonde paix intérieure. Cette quiétude de l'âme n'apportait aucun allégement au mal que Jacquette souffrait dans son corps : au contraire, ces douceurs spirituelles semblaient aigrir ses douleurs, comme l'huile répandue sur le feu en augmente la flamme.

Craignant que ce ne fût là quelque illusion de la part de Satan, Jacquette communiqua ce fait à son Directeur. Celui-ci la rassura par ces paroles :

« Vous devez recevoir cette faveur du Ciel avec reconnaissance et humilité : remerciez Dieu et croyez que votre vertu n'est pas encore parfaite, puisque Dieu juge nécessaire de la fortifier par ces grâces extérieures. »

En ce temps-là, le siége épiscopal de Béziers était occupé par Thomas de Bonsi. Ce prélat était recommandable par la sainteté et les austérités de sa vie et par ses libéralités envers les pauvres. Il avait une estime toute particulière de sœur Jacquette, lui rendait souvent des visites et il lui communiquait ses plus importantes affaires. Les dames de la ville venaient recevoir les conseils de notre illustre pénitente, s'édifier auprès d'elle et pourvoir à ses nécessités par leurs aumônes. A l'occasion de sa maladie, ses parents la pressèrent d'accepter une pension. Sœur Jacquette la refusa : « Saint François, leur dit-elle, n'a point été caressé par ses parents après sa conversion et n'a point tiré d'eux sa subsistance. Je dois m'abandonner aux mains du Père céleste, dont les soins s'étendent jusques aux petits des oiseaux abandonnés dans le nid. Le pain donné pour l'amour de

Dieu est sanctifié. La pauvreté est d'un trop grand prix pour la quitter. » Ce langage mit fin aux instances de ses proches et lorsque ceux-ci voulurent lui venir en aide, ils durent recourir à des personnes étrangères pour lui faire recevoir leurs dons.

Seule dans cette grotte abandonnée, dotn nous n'avons pu retrouver des traces (1), l'illustre pénitente de Béziers n'avait qu'un désir, celui de quitter cette vallée de larmes et de s'envoler dans les célestes parvis pour jouir à jamais de la présence de son bien-aimé Jésus et être inondée de ses ineffables délices.

L'heure du triomphe n'était pas encore venue. Dieu dans ses desseins impéné-

(1) 19 mars 1875.

trables avait résolu de laisser dans l'exil cette fille héroïque, afin de donner au monde un plus grand exemple de pénitence et de vertu. Jacquette se consolait de cette privation en recevant la sainte Eucharistie chaque dimanche. Elle aurait désiré faire la communion plus souvent. Elle insista auprès de M. le Curé de la paroisse Saint-Jacques pour obtenir cette faveur, mais sa prière fut inutile ; M. le Curé ne croyait pas pouvoir porter plus souvent le Saint-Sacrement dans une maison séculière.

Quel beau spectacle que celui de notre chère malade recevant le pain des forts ! Accablée par le mal et presque sans forces, sœur Jacquette se laissait glisser de son grabat à terre. Elle recevait son Dieu, prosternée à deux genoux et les yeux mouillés de larmes. Elle avait fait dresser dans sa chambre un petit autel où le prêtre posait le Saint-Sacrement. La décoration en était pauvre, mais propre.

L'amour est plus fort que la mort. Les Saints ne craignent point de mourir. Pour eux, la mort est l'aurore d'un jour sans fin ; le tombeau est le commencement de la vie. Il est vrai, les Saints ne se rendent pas leurs propres meurtriers, mais ils reçoivent avec joie les occasions de mourir, quand elles se présentent. La conduite de sœur Jacquette est une preuve de cette vérité. Les années 1629 et 1630, la peste fit d'affreux ravages dans le Languedoc, particulièrement à Béziers. A peine ce terrible fléau eut-il envahi la ville, que les parents de sœur Jacquette et plusieurs autres personnes voulurent l'obliger à se laisser transporter à la campagne ou à prendre une servante. Jacquette ne voulut point y consentir.

« Je vous suis bien obligée de votre charité, leur dit-elle, si mes prières sont efficaces, vous en recevrez de Dieu la récompense. Une vie si peu utile que la mienne ne doit pas être conservée avec tant de soin. »

Sœur Jacquette eut beaucoup à souffrir pendant ce temps de désolation. La paroisse Saint-Jacques, ravagée par la peste, devint bientôt un désert. Malade, sans compagne, Jacquette passait parfois les deux et trois jours sans prendre de nourriture et sans recevoir aucune visite. Un jour, les hommes préposés à l'enlèvement des cadavres passaient devant la maison de sœur Jacquette. Voyant la porte ouverte, ils entrèrent, et s'approchant du grabat de cette servante de Dieu : « Tu n'es pas encore morte, dirent-ils, en tout cas tu ne saurais vivre longtemps ? » Cela dit, ils la prirent, la portèrent dehors et la placèrent dans un chariot sur lequel il y avait quatre pestiférés et trois cadavres victimes de la peste. Jacquette ne se plaignit point ; elle comprit le danger où elle se trouvait, néanmoins elle garda le silence.

« Mon Dieu, dit-elle en son cœur, ce n'est point sans un ordre particulier de votre Providence que ces bonnes gens m'ont placée sur ce chariot sans m'interroger sur la nature de ma maladie. Si mon corps n'est pas frappé de la peste, mon âme n'en est point exempte. Mille imperfections la rendent indigne de vos regards; il est bien juste que je participe au malheur commun, puisque j'en suis la cause. Par mes anciennes vanités, j'ai allumé le feu de votre colère; par mes continuelles infidélités à votre sainte grâce, j'ai attiré sur cette ville les foudres de votre justice : transportez, Seigneur, sur mon corps les maux de tout ce peuple languissant ; il n'est point coupable; lancez sur moi tous les traits de votre indignation. Je suis la seule criminelle ou pour le moins la plus ingrate de toutes vos créatures. Je serai trop heureuse d'apaiser par le sacrifice de ma vie votre colère... Je mourrai sans autre regret que celui de vous avoir déplu par mes actions... Je recevrai la mort avec joie, si par elle je puis obtenir de votre miséricorde le pardon de mes offenses. Je remercie votre bonté qui sur ce chariot me fait trouver un bûcher sur lequel je dois vous être offerte en holocauste, comme au premier principe de toute chose et comme au souverain arbitre de ma vie ; une croix où je dois expirer comme chrétienne et remettre mon âme entre les mains de Celui qui pour l'amour de moi a voulu mourir sur un poteau également cruel et ignominieux. Je considère ce chariot comme un vaisseau sur lequel je sortirai de la mer orageuse de ce monde, ou comme un char de triomphe qui doit me porter dans le séjour de votre gloire. Mais ignorant si je suis digne d'amour ou de haine, je ne puis que me soumettre aux ordres de votre sainte volonté. Je vous offre mon cœur partagé entre l'espérance et la crainte, je vous supplie de l'embraser par les ardeurs de votre amour. »

Tels étaient les sentiments de sœur Jacquette. Le chariot était arrivé auprès de l'infirmerie des pestiférés. Le chirurgien employé à les traiter, ayant reconnu les vêtements de Jacquette, accourt et voit l'héroïque servante de Dieu. Il s'emporte contre les sinistres préposés à l'enlèvement des cadavres, leur reproche leur peu de respect pour une personne qui était l'objet de la vénération de tous les Bitterrois. Ayant appris de la bouche de sœur Jacquette qu'elle n'était pas frappée de la peste, ce chirurgien s'irrite encore davantage.

— Ne vous fâchez pas, Monsieur, contre ces pauvres gens, dit Jacquette, ils n'ont point tort; ils ont fait leur devoir. M'ayant trouvée malade, ils m'ont enlevée, persuadés que j'étais atteinte de la peste; leur conduite m'étant agréable, je n'ai fait aucune résistance et n'ai point formé de plainte.

Le chirurgien après avoir obligé sœur Jacquette à prendre certaines précautions que rendait nécessaires l'épidémie, la renvoie avec deux autres personnes pour l'aider à marcher, car notre illustre pénitente ne pouvait se soutenir toute seule. Les gardes de la porte de la ville laissèrent entrer Jacquette sans aucune résistance. Ils étaient persuadés que la présence de cette illustre servante de Dieu à Béziers pouvait faire cesser le redoutable fléau. Jamais Jacquette ne fut atteinte par la peste.

CHAPITRE XII.

RENCONTRE DE LA VEUVE GUILLEMETTE.
PROPHÉTIES DE JACQUETTE.

En ce temps-là vivait à Béziers une femme nommée Guillemette, veuve d'un cordonnier. Cette femme était de basse condition et pauvre des biens de ce monde, mais riche en vertu. Elle demandait à Dieu par de continuelles prières la grâce de connaître quel genre de vie elle devait embrasser pour lui être agréable. Sa constance mérita d'être exaucée. On lui devait quelque argent dans les quartiers des Pères Capucins ; elle y vint pour en demander le paiement et apprit que sœur Jacquette n'avait personne pour la secourir. A ce moment la peste avait cessé. Cette femme se sent fortement poussée à venir en aide à sœur Jacquette. Elle rentre chez elle, apprête un peu de riz et court faire présent de son ragoût à la servante de Dieu. Elle trouve sœur Jacquette étendue sur son grabat, sans force, exténuée, semblable à un squelette plutôt qu'à une personne vivante. Ce spectacle l'épouvante, elle ne sait si elle doit approcher ou revenir sur ses pas.

— « Quelle est cette dame vêtue de

blanc que vous accompagnez, dit Jacquette d'une voix douce. »

Rassurée par ces paroles, Guillemette répondit : « Je suis toute seule : Dieu et la Sainte-Vierge m'ont conduit près de vous. »

Jacquette comprenant que c'était là une faveur céleste ajouta aussitôt :

« Dieu soit béni, qui se sert de vous afin de pourvoir à ma nourriture ; je n'ai rien mangé depuis plusieurs jours ; approchez, donnez-moi le riz que vous avez apporté. »

Guillemette obéit. La modestie, la patience, la mortification de Jacquette impressionnèrent extraordinairement cette pauvre veuve. Elle se persuada que Dieu la destinait à servir cette pauvre délaissée afin d'apprendre auprès d'elle la pratique de la vertu. Après sa réfection, Jacquette voulut congédier sa bienfaitrice.

— « Ah ! ma sœur, dit Guillemette, je vous conjure d'accepter mes services : Dieu m'a fait connaître sa sainte volonté, il veut que je vous serve ; ne vous opposez pas à ses desseins.

— » Vous ne devez pas faire la demande d'une chose que plusieurs autres personnes n'ont pu obtenir, répondit sœur Jacquette. »

Guillemette insista et joignit les larmes aux prières. Jacquette se laissa fléchir ; elle admit Guillemette, mais avec la condition expresse qu'elle mènerait une vie pénitente et pauvre. Cette humble veuve accepta volontiers les propositions de la servante de Dieu, vendit ses meubles et vint passer le reste de ses jours auprès de Jacquette. Guillemette garda fidèlement sa promesse, donna l'exemple d'une grande vertu et mourut en odeur de sainteté.

Les maladies sont des croix qui consacrent ceux qui les souffrent. En proie à de cruelles douleurs, éminente en toute sorte de vertus, Jacquette eut le don de pénétrer dans l'avenir et de lire dans le secret des cœurs. Elle en a donné des preuves convaincantes dans le cours de sa vie. Un jour elle fit dire à une jeune personne qui était entrée dans un Couvent de Religieuses, que sa vocation ne venait pas de Dieu, qu'elle était destinée au mariage et qu'elle ne ferait point ses vœux de religion.

Cette prédiction se réalisa en tout point.

Cette jeune fille sortit du Couvent et se maria bientôt après.

Durant les dernières années de sa vie, ce privilége parut chez Jacquette avec un si grand éclat que sa maison devint comme une arche où les puissants et les pauvres venaient entendre les oracles du Ciel. On lui communiquait les affaires les plus importantes. Jacquette en faisait connaître l'issue. Elle menaçait des maux qui devaient leur arriver en punition de leur entreprise les personnes qui prétendaient venir à bout de leurs desseins par des voies injustes. Le récit suivant prouve que Dieu manifestait à sa pieuse servante non-seulement l'avenir, mais des faits qui avaient lieu au dehors de sa maison.

Guillemette avait une nièce dont la vie déréglée lui arrachait souvent des soupirs et des larmes. Elle pria sœur Jacquette d'employer quelque personne de crédit pour la faire amener en sa présence afin de l'engager à changer de conduite. La servante de Dieu ne fut point de cet avis : elle jugea la correction inutile. Quelque temps après, vers minuit, elle fait du bruit avec une chaise ; Guillemette accourt, demande ce qu'elle désire.

» Allez à la place couverte, lui dit Jacquette, et, dans un coin (qu'elle désigna), vous trouverez votre nièce dans l'exercice de sa vie déréglée avec deux jeunes libertins.

» Il est nuit repliqua Guillemette, je n'ose point aller à cette heure dans la ville.

» Allez, lui dit Jacquette, votre bon Ange vous conduira, vous ne rencontrerez personne. Arrivée à la place, prenez votre nièce par les cheveux ; elle vous suivra ; ces jeunes débauchés ne vous diront rien. »

Guillemette obéit ; elle se rend à l'endroit désigné sans rencontrer personne dans les rues. Là, elle trouve sa nièce avec deux jeunes libertins. Ceux-ci prennent la fuite chacun de son côté. Guillemette saisit sa nièce par les cheveux et la conduit sans aucune résistance à sœur Jacquette. Celle-ci fait une sanglante correction à cette débauchée et la conjure de mettre fin à sa conduite scandaleuse.

Les faits suivants ont été racontés par des personnes dignes de foi et que chacun pouvait consulter lorsque le premier historien de sœur Jacquette les écrivait :

Un gentilhomme, curieux de voir une personne qui était l'objet de l'admiration générale, pria deux dames de Béziers de le présenter à sœur Jacquette. On l'introduit. La servante de Dieu l'invite à approcher de son grabat et lui dit :

« Pourquoi êtes-vous venu ici après avoir passé la nuit dans des voluptés coupables ? Vous venez voir une pauvre pénitente, du moins devriez-vous venir avec la résolution d'apprendre à mépriser ces plaisirs et non pour satisfaire votre curiosité. Vous avez cru que votre péché demeurerait enseveli dans les ténèbres de la nuit, sans que personne en eût connaissance. Ignorez-vous que rien n'est caché aux yeux de Dieu ? S'il le veut, il rendra public les péchés que vous commettez en secret. Pourquoi n'avez-vous pas appréhendé la justice divine ? Pour un moment de plaisir, vous renonceriez au Paradis et vous vous soumettriez aux peines éternelles de l'enfer ? Si vous ne faites pénitence, vous ne pouvez éviter les supplices éternels. Ah ! Monsieur, si vous saviez ce que c'est que l'enfer ! »

Elle dit, et, ayant achevé ces mots, elle congédia ce noble visiteur. Celui-ci se retira honteux et surpris de ce qu'il avait entendu.

Mme d'Alzonne ayant ouï dire que les souffrances de Jacquette avaient augmenté, se rendit auprès de la servante de Dieu avec Mme de Preignes, sa fille ; elle prit des ciseaux avec l'intention de couper secrètement quelque lambeau de l'habit de la sœur, pendant que Mme de Preignes ferait l'empressée à lui rendre quelque service. Ces dames n'avaient pas achevé de monter les degrés de la chambre de la malade, qu'elles entendirent la voix de sœur Jacquette. Celle-ci les priait de se retirer, sans s'approcher de son lit.

« Mesdames, leur dit-elle, vous ne me faites pas plaisir de venir avec l'intention que vous avez, si Dieu vous découvrait mes négligences à son service, vous ne demanderiez pas une pièce de ce pauvre drap qui me couvre. Vous n'auriez que du mépris pour moi, si vous connaissiez mes imperfections. »

Ces personnes voyant leur dessein découvert, s'en retournèrent sans le mettre à exécution.

Un jeune homme appartenant à une des familles les plus considérables de Béziers, tomba malade. Les médecins désespèrent de le sauver. Les parents ont recours à sœur Jacquette et la prient d'obtenir du ciel la santé du malade.

« Je ne puis me rendre à vos prières, répond Jacquette ; j'ai de très-bonnes raisons pour cela. »

Les parents emploient la médiation de Catherine de Bachelier, nièce de l'illustre pénitente. Catherine se rend chez sa tante. Elle montait encore les degrés qui conduisaient à la chambre de Jacquette, que celle-ci lui dit :

« Pourquoi venez-vous ? je sais ce que vous voulez ; vous n'avancerez rien; Dieu ne le veut point. »

Catherine fut extrêmement surprise de la connaissance que sa tante avait de ses intentions; elle la supplia en grâce de demander à Dieu la santé de ce jeune homme.

— « Sa vie scandaleuse a irrité la justice divine, répondit Jacquette, il faut qu'il meure : dans trois jours, il comparaîtra au tribunal de Dieu. »

Catherine communiqua la réponse de sa tante aux parents du malade, et l'évènement justifia la prophétie.

La femme d'un notaire de Béziers, fort avancée dans sa grossesse, se recommanda aux prières de Jacquette :

« Je m'en souviendrai au moment opportun, répondit la servante de Dieu. »

Quelque temps après, sœur Jacquette appelle Guillemette pendant la nuit :

« Prions Dieu, lui dit-elle, pour notre bonne amie, car elle enfante. »

Après avoir prié, Jacquette congédie sa compagne en lui disant :

« Notre amie a mis au monde un fils, qui est destiné au service de Dieu. »

Le lendemain, Guillemette apprit que cet enfant était né à l'heure où elles avaient achevé leur prière. Plus tard, la servante de Dieu voyant son amie qui caressait son enfant, lui dit plusieurs fois :

« Vous êtes une folle, vous ne devriez pas vous attacher à ce point à cet enfant, il n'est pas pour vous : Dieu l'a fait naître pour lui et l'a destiné à son service. »

En effet, plus tard cet enfant prit l'habit religieux dans l'Ordre de Saint-Augustin et exerça les charges de Prieur et de Visiteur de la Province.

L'an 1632, le duc de Montmorency engagea les gens des Etats de la Province du Languedoc, assemblés à Pézenas, à embrasser le parti de Gaston, duc d'Orléans, contre le roi Louis XIII. Claude de Rebé, archevêque de Narbonne, combattit la proposition de Montmorency et fut arrêté à l'issue de l'assemblée des Etats [1]. Les efforts de l'Archevêque ne purent empêcher les factieux d'unir les intérêts de la province avec ceux du duc de Montmorency. Béziers prit part à la révolte de Henri de Montmorency, gouverneur du Languedoc.

Les habitants les plus considérables voulurent connaitre les sentiments de sœur Jacquette sur une affaire de cette nature. L'illustre pénitente s'excusa assez longtemps pour ne point parler.

[1] *Histoire du Languedoc*, par un Religieux Bénédictin. Liv. 43, pag. 583.

— « Je ne dois point me mêler de ce qui se passe dans le monde, après l'avoir quitté, disait-elle. »

On insista. Alors Jacquette fit entendre de tristes prédictions. Elle annonçait à chacun ce qui devait lui arriver. Elle fit connaître quel serait le sort de la ville entière, si elle persévérait dans la révolte vis-à-vis de son Roi. Lorsque la vérité contrarie nos passions, nous ne voulons pas l'entendre.

D'où vous vient cette hardiesse, demandait-on à sœur Jacquette?

— « Je n'ai parlé qu'après plusieurs instances. Je ne puis dissimuler la vérité que je connais. »

On rapporta au duc de Montmorency les prédictions de la servante de Dieu. Ce Seigneur connaissait sœur Jacquette; il lui avait rendu plusieurs fois visite. Alarmé de ce qu'il entendait, il se rendit de nouveau auprès de sœur Jacquette avec quelques seigneurs de sa suite.

— « Qu'est-ceci, ma bonne sœur, dit le Duc, j'ai appris qu'au lieu d'un heureux succès que vous devriez souhaiter à mes entreprises, vous nous menacez de beaucoup de malheurs.

— « Monseigneur, répondit Jacquette, je prévois que ce sera votre dernier voyage : votre générosité sera la cause de votre perte ; c'est là ce qui m'afflige. Mes paroles ne sont point des menaces. Hélas ! que servirait à une pauvre fille de menacer un seigneur si puissant ? mais elles sont des prédictions. »

Sur le visage de l'illustre pénitente on remarquait je ne sais quoi de divin : ses paroles avaient quelque chose de surnaturel.

Le duc de Montmorency ne voulut pas renoncer à son entreprise ; il dit aux gentilshommes venus avec lui : Cette bonne Sœur m'aime. Son affection, jointe à la pusillanimité de son sexe, lui fait appréhender que mon voyage ne soit pas heureux. Adieu, ma bonne Sœur, ajouta-t-il, priez Dieu pour moi.

M. de Spondeillan, gouverneur de la ville, demanda à sœur Jacquette quel serait son sort.

— « Vous perdrez votre gouvernement, répondit la servante de Dieu. »

Jacquette avait souvent prédit cet événement à Mme de Spondeillan en ces termes :

« Votre plus forte maison croulera,

mais vous ne serez point écrasée sous les ruines. »

En effet, Louis XIII, après la défaite de Montmorency, fit raser la citadelle et récompensa magnifiquement MM. de Spondeillan et de Sérignan.

Le 14 août de l'an 1632, le duc d'Orléans entra dans Béziers, où il était déjà venu une première fois au mois de juillet et avait rendu visite à la duchesse de Montmorency, Marie des Ursins.

Sœur Jacquette se sentit extraordinairement portée à dissuader le frère du Roi de faire la guerre. Elle pressa son Directeur, le Père François de Bordeaux, capucin, d'approuver son dessein. Elle lui fit connaître ses révélations. La colère de Dieu est allumée contre la France, lui dit-elle ; elle lui indiqua les fléaux dont Dieu menaçait de la punir. Elle voyait là-dessus des choses étranges. Le Père François se rendit difficilement aux désirs de la Sœur ; il y consentit finalement, à condition qu'il ne serait fait aucune mention des Capucins. Ce Religieux vivait encore lorsque le Père Casimir écrivait la vie de Mlle de Bachelier. Il a raconté lui-même, comme l'ayant vu de ses yeux, les faits que nous rappelons.

Sœur Jacquette fit dire au confesseur de Son Altesse Royale qu'elle avait des choses très-importantes à lui communiquer, qu'elle le priait de venir dans sa maisonnette. Le confesseur du duc d'Orléans se rendit à la prière de la servante de Dieu. Celle-ci lui annonça ce qui devait arriver à Son Altesse Royale et à

M. de Montmorency, s'ils allaient plus avant. Le confesseur promit de dissuader son Maître et le jeune Duc de continuer leur voyage. Cet homme ne voulut pas s'alarmer sans sujet. Il se rendit au Couvent des Capucins pour s'informer de ce qu'était Jacquette de Bachelier.

« Cette fille est une grande pénitente, répondit le Père Gardien, elle est fort élevée dans l'oraison et généralement approuvée de toute la ville. »

Ce confesseur ne douta point que Dieu n'eût parlé par Jacquette ; néanmoins, il ne tint pas sa parole et ne dit rien au duc d'Orléans.

Trois corps d'armée s'avançaient pour combattre les rebelles. Les maréchaux de Schomberg, de la Forée et le Roi en personne étaient à la tête des troupes. Le duc d'Orléans et M. de Montmorency marchent à la rencontre de Schomberg. Celui-ci investit le château de Saint-Félix le 19 août. Le duc de Montmorency s'avance vers Castelnaudary. Le combat s'engage sur les bords de Fresquel. Montmorency, blessé par Beauregard, est fait prisonnier dans la fameuse journée des Pontils.

Le duc d'Orléans se retire d'Alzonne à Béziers, où le duc d'Elbeuf le rejoignit. Les habitants, remplis de terreur, consultèrent sœur Jacquette, et sur son avis, les portes de la ville furent ouvertes au duc d'Orléans et à sa suite, mais les troupes ne firent que traverser la ville sans s'y arrêter. Dans cette circonstance, le confesseur de Son Altesse Royale vint en compagnie du duc d'Elbeuf voir l'illustre pénitente. Hélas! il reconnaissait trop tard sa faute. Jacquette dit à ses visiteurs des paroles sévères. Le confesseur du duc d'Orléans versa des larmes et demanda pardon de sa lâcheté. Le duc d'Elbeuf, accablé de tristesse, tomba en défaillance.

CHAPITRE XIII.

DERNIÈRES ÉPREUVES DE JACQUETTE.—ELLE EST STIGMATISÉE.

Aucun exercice spirituel n'est propre à embraser nos âmes de l'amour divin comme la méditation de la Passion de Notre-Seigneur Jésus-Christ. Ayant renoncé aux joies du siècle, Jacquette de Bachelier trouvait ses délices dans la souffrance. Le sujet ordinaire de son oraison était les mystères de la croix. Elle ne désirait rien tant que de souffrir afin d'avoir une plus grande conformité au divin Maître. Elle était d'une patience admirable. Malgré ses douleurs, elle ne cessa point de mener une vie extraordinairement pénitente. Elle ne voulut jamais avoir ni feu, ni lumière dans sa chambre. Il est vrai que par une faveur spéciale du Ciel, elle ne ressentait point les rigueurs du froid. Très-souvent sa cellule était éclairée par une lumière surnaturelle qui lui procurait une grande consolation. Guillemette n'ayant pas l'habitude de passer les hivers sans voir le feu, obtint la permission de faire du feu pendant les rigueurs du froid dans la chambre qui était au-dessous de celle de Jacquette.

La cause des souffrances de sœur Jacquette était inconnue. En vain, avait-on mille fois sollicité l'illustre pénitente de souffrir la visite d'un médecin et de procurer par les remèdes quelque soulagement à ses douleurs. Son Directeur la pria avec instance de déclarer quel était son mal et quelle en était la cause.

« Mon Père, répondit sœur Jacquette, j'ai mis entre vos mains ce que j'ai de plus précieux dans ce monde : Vous êtes le dépositaire de ma conscience. Vous considérant en cette qualité, je vous avoue que les douleurs que j'éprouve sont extrêmes ; je ne saurais vous les exprimer ; Dieu seul les connait parfaitement. Après cet aveu, je vous conjure de m'accorder deux grâces : la première, est de ne pas m'obliger à vous découvrir la cause de mes douleurs ; je ne saurais le faire sans perdre la paix profonde dont je jouis dans mon esprit : la seconde est de défendre à Guillemette de me parler de médecin ou de médicament : aucun remède ne pourrait me soulager. Je m'estimerais malheureuse si je perdais ce qui me donne quelque conformité avec Jésus-Christ, et si je venais à mourir sans participer à sa croix. »

Ce Directeur se rendit aux désirs de sœur Jacquette, mais soupçonnant quelque mystère dans cette maladie, il résolut de faire tous ses efforts pour le découvrir.

Satan résolut de mettre la patience de sœur Jacquette à l'épreuve. C'était la dernière année de la vie de l'illustre pénitente. Il se présente à la porte de la servante de Dieu sous la forme d'un homme inconnu : il veut entrer, on le repousse ; il insiste et franchit les degrés de la chambre malgré les résistances de quelques filles qui étaient avec sœur Jacquette. Il s'approche du grabat de la malade et lui mettant une main sur la tête et l'autre sous le menton : Courage, dit à Jacquette cet ennemi de nos âmes, je viens pour vous guérir de vos douleurs.

A ces paroles, l'humble fille qui était alors en méditation, ouvre les yeux, et surprise de voir cet homme, s'écrie :

« Ah ! mes sœurs, qu'avez-vous fait ? Ne connaissez-vous pas celui qui est entré ? Hé ! c'est le Diable qui vient troubler notre repos ! »

A ces mots, cet homme disparut, les laissant toutes dans une frayeur extrême.

Le Directeur de Jacquette interrogea Guillemette sur les souffrances de l'illustre pénitente.

« J'ai remarqué, répondit Guillemette, que si en rendant quelque service à sœur Jacquette, je touchais par mégarde ses pieds, elle se plaignait et disait ordinairement : « O doux Jésus, que votre passion devait être amère. »

Le Directeur ordonna à Guillemette d'observer sans en rien témoigner à la sœur si elle ne ressentait point les mêmes douleurs dans quelque autre partie de son corps. Cette humble veuve obéit avec simplicité et constata par PLUSIEURS EXPÉRIENCES, faites en DIVERS TEMPS, que ses douleurs étaient AUX PIEDS, AUX MAINS, AU CÔTÉ et A LA TÊTE. Le Directeur fit la même observation. Un jour, en particulier, en présentant le crucifix à sœur Jacquette, il le laissa tomber sur la main droite. Aussitôt la servante de Dieu changea de couleur et laissa échapper ce cri : « O doux Jésus ! » Le Directeur s'excusa d'avoir ainsi augmenté ses souffrances. La servante de Dieu rejeta le tout sur son impatience.

Plusieurs personnes firent la même remarque que Guillemette. Sous prétexte de rendre quelque service à sœur Jacquette, elles lui touchaient les mains et les pieds et lui arrachaient ainsi quelque plainte. Malgré sa constance à taire la cause de ses douleurs, Jacquette fut obligée d'avouer que le siége de ses souffrances était les pieds, les mains, le côté et la tête où la douleur lui faisait une espèce de couronne. Elle avoua également que le vendredi elle souffrait beaucoup plus que les autres jours. Le bruit se répandit dans tout Béziers que sœur Jacquette de Bachelier était intérieurement marquée des sacrées stigmates. Tel était le sentiment des personnes versées dans les voies spirituelles. Tel est celui du Père Casimir, ce docte Religieux qui a écrit le premier la vie de Jacquette de Bachelier. Tel est le nôtre, bien que nous n'ayons d'autre preuve que celle que nous tirons des douleurs de l'illustre pénitente dont nous écrivons l'histoire.

Cette vie est la région de l'inconstance; rien n'est stable : tout y est dans de continuelles vicissitudes. Un grand calme est souvent le prélude d'une furieuse tempête. L'heure allait sonner où Jacquette devait recevoir la récompense de ses travaux ; mais avant de lui décerner la couronne due à ses mérites, Dieu qui scrute les cœurs et trouve des souillures dans les Anges mêmes, ménagea à sa servante de nouvelles épreuves, afin que cet or déjà si pur s'épurât encore et fût trouvé digne d'orner les sacrés parvis de la céleste Jérusalem.

C'était la dernière année de la vie de Jacquette ; cette humble imitatrice de saint François avait atteint la soixante-quinzième année de son âge. Ses membres étaient rompus par la souffrance, sa chair quasi-desséchée par ses austérités. Elle avait passé quarante-cinq ans dans une continuelle contemplation de la croix ; elle était étendue sur son grabat lorsque à l'excès de ses souffrances extérieures se joignirent des peines intérieures intolérables. Pendant un mois, sœur Jacquette est assaillie par une cruelle tentation qui jette son âme dans le trouble et dans un état de grande désolation. Son esprit est agité. Elle craint d'avoir manqué de zèle pour le service de la Très-Sainte Vierge. Tantôt la pensée de n'avoir jamais rien fait en l'honneur de la Reine du Ciel désolait son âme. Tantôt elle appréhendait d'être abandonnée par la Très-Sainte Vierge à l'heure de la mort. Un jour, accablée par la tristesse, elle ne put retenir ses larmes. Elle se retourne alors vers une image de Notre-Dame et fait cette prière du fond du cœur :

« Vierge sainte, voyez à vos pieds, prosternée en esprit, la plus infortunée de toutes les créatures. Je suis indigne que vous jetiez sur moi un regard favorable : le trouble dans lequel je me trouve est une punition bien méritée. Si vous voulez me traiter avec justice, vous vous opposerez à mon bonheur. Mais le titre que vous possédez de Réfuge des Pécheurs et de Consolatrice des Affligés, m'inspire la confiance et semble me donner le droit de me présenter à vous pour implorer votre miséricorde. Les mêmes imperfections qui me rendent indigne de vos faveurs donneront de l'éclat à votre bonté, puisque vous ne trouvez en moi aucun sujet qui en attire les effusions. Ayez compassion de ma misère, car elle est extrême, ou enseignez-moi une personne plus miséricordieuse que vous, à qui je puisse m'adresser pour vous fléchir. Je ne saurais vivre longtemps. Eh ! comment oserai-je me présenter devant le trône de votre Fils, si vous êtes irritée contre moi ? Ne soyez point inexorable à la prière de celle qui doit tout appréhender de votre colère et tout espérer de votre clémence. »

Dieu dissipa les ténèbres qui cachaient sa présence aux regards intérieurs de sa servante. Sœur Jacquette recouvra la paix et fut inondée de consolation. Dieu lui fit connaître qu'elle ne devait rien appréhender et qu'il lui donnait la Sainte-Vierge pour mère.

A cette cruelle épreuve devait succéder une terrible tentation. Par un privilége particulier et en récompense de la générosité qui poussa sœur Jacquette à se traîner dans la neige pour vaincre le démon de l'impureté, au début de sa conversion, l'illustre pénitente avait été préservée de toute tentation contre la vertu de chasteté. Son cœur était un jardin fermé où le céleste Epoux reposait au milieu des lys. Quelque temps avant de rendre le dernier soupir, sœur Jacquette se sent embrasée par les feux de la concupiscence : elle résiste ; mais Satan la torture avec acharnement.

Jacquette, animée de profonds sentiments d'humilité, baise les pieds du Crucifix, les arrose d'un torrent de larmes :

« Ah ! Seigneur, disait-elle, à quels orages vois-je ma vieillesse exposée ? Suis-je dans les danses ou dans la cellule d'une pénitente ? Suis-je dans le monde ou dans l'enfer ? O amour crucifié pour mon salut, la seule espérance qui me reste de participer aux fruits de votre croix, me persuade que je ne suis point encore précipitée dans cet abîme de malheurs éternels. Vous êtes l'équité même, je porte le châtiment de mes anciennes vanités. Je vous en conjure, par le sang que vous avez répandu pour nous purifier de nos souillures, effacez, s'il vous plaît, de mon imagination, les idées importunes qui troublent mon esprit. Votre clémence a toujours eu pitié de moi : je dois ma conversion à votre secours. A cette heure, je sollicite votre grâce avec ardeur. Des peines sans nombre m'environnent de tout côté et ont pénétré le fond de mon âme. O doux Jésus, ne retirez point de moi le secours favorable de vos bontés ; ayez toujours l'œil sur moi pour me défendre. Dans la désolation où je me trouve, j'espère seulement en votre miséricorde, Seigneur, qu'il vous plaise de me secourir ! »

Dieu, qui désire que nous le priions avec ardeur, afin de donner libre cours à sa générosité envers nous, ne pouvait être sourd aux supplications de sœur Jacquette. Il inonda de joie l'âme de sa servante et la tentation s'évanouit. Plusieurs fois le Diable chercha à réveiller les feux de la concupiscence dans le cœur de Jacquette. Cette illustre pénitente, toujours inébranlable dans la vertu, avait recours à la prière :

« Mon Dieu, disait-elle, sans examiner si cette tentation est un bien ou un mal pour moi, je la reçois avec soumission. Rien ne peut arriver contre votre volonté. Vous êtes assez puissant pour me fortifier et assez bon pour ne pas permettre que l'ennemi ait aucun avantage sur la fidélité que je vous ai vouée. »

Cette humble supplication suffisait pour mettre en fuite l'ennemi.

CHAPITRE XIV.

MORT ET SÉPULTURE DE JACQUETTE.

L'heure approche où Jacquette de Bachelier va rendre le dernier soupir. Heureuse de souffrir pour Jésus-Christ, Jacquette refuse tout allégement aux douleurs qu'elle endure. Un jour sa faiblesse devient si grande, que l'on craint pour sa vie: elle ne peut faire aucun mouvement. Sa nièce l'ayant trouvée dans cet état, obtient du Père Gardien des Capucins l'autorisation de mettre à sa tante une chemise ; elle lui enlève les vêtements, lui ôte le cilice qu'elle trouve quasi tout enfoncé dans la chair, et revêt Jacquette de la chemise et de la tunique sans que celle-ci y prenne garde.

Mais revenue à elle-même, lorsque les forces permettent à la malade de reconnaître ce que l'on avait fait, Jacquette témoigne un déplaisir extrême de ce que l'on avait pris la liberté de la dépouiller ; elle veut quitter la chemise.

— On n'a rien fait, lui dit-on, sans les ordres du Père Gardien.

Alors la malade se tait, mais repliant la manche du bras droit de sa tunique, et étendant celle de sa chemise, elle la regarde avec affliction ; elle lève de temps à autre ses yeux vers le ciel et soupire avec tristesse. Deux fois on essaie inutilement d'abaisser les manches de la tunique pour cacher celles de la chemise. Les grosses larmes qui coulent des yeux de Jacquette témoignent de sa douleur. Sa nièce connaissant la peine extrême qu'elle avait causée à sa tante, demande la permission de lui ôter la chemise. Cette permission n'est pas plutôt déclarée à sœur Jacquette, qu'elle déchire et met en lambeaux cette chemise, afin qu'on n'ait plus envie de la dépouiller à l'avenir.

Dieu qui est riche en miséricorde et ne se laisse pas vaincre en générosité, prévenait l'âme de Jacquette de douceurs ineffables et lui faisait goûter quelque chose des délices de la Cité céleste. A ces grâces singulières, Dieu joignait les faveurs extérieures. L'humilité de Jacquette les a tenues secrètes autant que possible, mais elle n'a pu empêcher qu'elle n'ait été surprise quelquefois au milieu de ces grâces extraordinaires. Quinze jours avant sa mort, deux Capucins viennent la voir ; ils la trouvent dans un état de ravissement. L'un d'eux voit à son côté une dame vêtue de blanc ayant le visage voilé, qui disparut bientôt après leur arrivée. Ils ont bien de la peine à faire parler la malade. Après plusieurs interrogations, Jacquette leur parle de la gloire que Dieu a préparée à ceux qui souffrent quelque chose pour son amour. Les Capucins se retirent tout embrasés du désir des croix et des humiliations. Le Religieux, témoin de la singulière faveur dont Dieu avait honoré sa très-digne servante, en fit la déposition au Père Gardien.

La pensée de la mort ne la troublait point ; elle vit sans effroi arriver son heure dernière ; elle ne négligea rien pour se préparer à ce moment redoutable d'où dépend une éternité de bonheur ou de malheur ; deux jours avant de mourir, elle demanda et reçut les sacrements de l'Eglise avec une singulière dévotion. Dès ce moment un suave parfum s'exhala du corps de Jacquette.

Mme d'Arnoye, à l'exemple des autres dames de la ville, vint lui rendre visite, pour apprendre de sa bouche les maximes les plus importantes de la Religion. Après l'entretien, elle s'en retourna toute préoccupée des paroles qu'elle venait d'entendre. Ce jour-là, elle reçut, en divers temps, plusieurs visites. Elle était toute surprise et ne savait que penser en entendant les personnes qui la visitaient s'écrier : « O Dieu ! Madame, que votre salle est aujourd'hui bien parfumée ! »

— Ce n'est plus mon temps, répondait avec modestie Mme d'Arnoye, si pendant ma jeunesse j'ai recherché les parfums, depuis longtemps j'ai renoncé à toutes ces frivolités.

Comme chacun lui témoignait la même admiration, elle cherche d'où vient cette suave odeur ; elle ne trouve rien, ni dans ses poches, ni dans ses vêtements ; elle s'aperçoit que ce parfum sortait de son bras gauche ; elle fit réflexion qu'elle avait appuyé ce bras sur la couche de sœur Jacquette.

Elle ne douta point de sa cause, car le bras droit n'avait pas le même avantage.

La veille de sa mort, elle reçut la visite de Mlle de Boujac. Cette personne avait été formée à la piété par sœur Jacquette; elle était venue pour rendre service à Jacquette et pour entendre d'elle quelques paroles d'édification.

— Venez me voir demain matin, lui dit la servante de Dieu; je vous prie de ne pas manquer. Dites à Guillemette de monter pour tirer hors de la chambre tout ce qu'il y a de meubles. Demain matin, je prévois qu'il y aura ici grande affluence et ce sera merveille si le plancher ne s'enfonce.

Jacquette ne dormit point cette nuit;

elle ne cessa de produire des actes de vertu ; elle attendait la mort avec joie. Le trépas apparaissait à son âme ravie comme la naissance à une vie nouvelle ; elle désirait ardemment s'unir à son Dieu ; elle tenait le Crucifix entre les mains et lui baisait les pieds avec amour.

« O aimable Jésus, disait-elle plus de cœur que de bouche, qui avez voulu être cloué à une croix pour nous donner la liberté, qui avez versé votre sang pour effacer les péchés des hommes, accordez-moi de participer maintenant à cette grâce... Ne vous souvenez point de mes péchés ; oubliez les folies où je me suis embarrassée durant l'ardeur de ma jeunesse, lorsque par une stupide ignorance, j'ai négligé ce qui était de mon devoir et de vos commandements ; voilez, Seigneur, toutes ces offenses d'un éternel oubli. Considérez votre miséricorde qui m'a retirée des vanités du siècle. Souvenez-vous de moi pour me sauver. Vous êtes équitable, mon Dieu, mais vous êtes la bonté même. »

Parfois elle arrêtait ses yeux baignés de larmes sur la plaie du cœur de Jésus et elle disait avec tendresse :

« O cœur adorable, fournaise du feu divin ! embrasez mon cœur et consumez tout ce qu'il y a en lui de terrestre et d'imparfait ! O amour ! que celui-là est insensible, qui ne vous aime pas ! »

On l'entendait dire avec confiance :

« Seigneur, j'ai mis en vous mon espérance, que je ne sois pas confondue. Vous êtes ma force et mon asile : délivrez-moi des piéges de mon ennemi. Vous êtes mon protecteur, je remets entre vos mains cette âme que vous avez rachetée. »

Les yeux fixés vers le ciel, elle s'écriait quelquefois de toutes ses forces :

Paradis ! ô Paradis ! ô Dieu, que votre demeure est aimable ! Hélas ! quand paraîtrai-je devant votre face, pour jouir de l'effet de vos promesses !

Elle vécut ainsi jusqu'à sa dernière heure, implorant de temps à autre le secours de la Très-Sainte Vierge, de son Ange gardien ou de saint François.

A peine le jour commençait à paraître que Mlle de Boujac sortit de sa maison pour aller à celle de sœur Jacquette.

Arrivée à la croix de Saint-Cyr, elle entendit distinctement la voix de cette servante de Dieu :

« Venez, hâtez-vous ; pourquoi tardez-vous si longtemps ?

A son arrivée, elle demanda à Jacquette si elle l'avait appelée.

— Oui, répondit la servante de Dieu.

Il est évident que sa voix ne pouvait être portée si loin sans miracle. Sœur Jacquette, en proie à une grande faiblesse, parla peu, mais ses paroles étaient tellement empreintes du feu de l'amour divin, que Mlle de Boujac ne pouvait en rappeler le souvenir sans se sentir vivement émue et animée d'une nouvelle ardeur pour le service de Dieu.

Le vingt-cinq janvier 1635, à pareil jour de sa prise d'habit, vers les neuf heures du matin, après quarante-six ans d'une vie pénitente, mourut à l'âge de soixante-seize ans, Jacquette de Bachelier, de l'Ordre de Saint-François d'Assise. Sa mort, édifiante comme sa vie, fut un deuil public pour la Cité. Illustre par sa naissance, cette vierge est encore plus illustre par ses vertus et par les prodiges opérés à son tombeau. Elle avait compris que tout est vanité sur la terre et que « le » véritable bien consiste dans l'amour et » la pratique de la vertu. »

Clément de Bonsi, Evêque de Béziers, ayant appris la mort de cette illustre pénitente, se rendit avec un cortège nombreux à la maison de Jacquette, et, après avoir considéré la dépouille mortelle de la servante de Dieu, demanda un des linges qui avaient servi à lui serrer la tête.

Le peuple accourut en foule, chacun s'empressait de voir l'illustre pénitente.

On se disputait les lambeaux de ses vêtements et les linges qui avaient été sur elle ; on s'en prenait même à ses cheveux. Malgré tous les soins que l'on prit, on ne put empêcher que l'on ne mit ce corps quasi tout à nu. On fut obligé de lui mettre un autre vêtement. Par cette acclamation publique et spontanée, le Ciel manifestait le mérite de cette illustre servante de Dieu et couronnait sa vertu sur la terre. Le soir, après vêpres, par ordre de l'Evêque, les prêtres de la paroisse Saint-Jacques conduisirent le corps, porté par les Sœurs les plus distinguées de la Congrégation de Sainte-Elisabeth, à la porte de l'Eglise des Capucins. Le concours du peuple fut prodigieux. Malgré le voisinage du lieu d'où il était parti, le convoi demeura longtemps à arriver. Les Capucins ayant reçu ce dépôt, le placèrent devant l'autel, et pour le mettre hors d'atteinte, fermèrent le balustre du sanctuaire. Plusieurs personnes passèrent la nuit en prières auprès de ces précieux restes.

Jacquette avait repris les traits de son ancienne beauté; elle semblait rajeunie; les rides de la vieillesse avaient disparu; la mort lui avait donné un nouvel éclat. Tout son corps était maniable comme la chair d'un enfant; il exhalait une suave odeur, capable d'embaumer les lieux les plus infects. Ce parfum se communiquait aux vêtements dont on l'avait revêtue et était accompagné d'une vertu secrète, qui guérissait les malades.

De plusieurs guérisons obtenues, je ne veux rapporter qu'une seule, écrite dans

un acte signé de plusieurs témoins :
« Un Religieux Capucin, prêtre, était tourmenté depuis plusieurs années d'un cruel mal de dents. Ses douleurs étaient presque continuelles. Cette nuit, tandis qu'il veillait auprès du corps de Jacquette, ses souffrances se renouvellent plus aiguës qu'à l'ordinaire : il a recours à la servante de Dieu.

« Ma sœur, dit-il, si vous êtes sainte comme tout le monde le croit, obtenez-moi de Dieu quelque soulagement ; néanmoins, je me soumets à sa sainte volonté. »

En disant ces paroles, il avait pris le bout du linge qui couvrait la tête de Jacquette et l'avait porté sur ses dents. A l'instant, il cesse de souffrir. Depuis, ses douleurs ne se firent jamais sentir.

Pendant la nuit, on fit une barrière

au milieu de l'église pour empêcher le peuple d'enlever ou de dépouiller de rechef la servante de Dien. Dès l'aurore, on plaça le corps au milieu de l'église. Toute la matinée, il y eut grande affluence chez les Capucins ; chacun s'empressait de faire toucher aux restes de Jacquette des médailles, des croix et des chapelets. Les paysans qui venaient vendre leurs denrées à la ville, au lieu de se rendre au marché, prenaient tous le chemin de l'église des Capucins, heureux de rendre témoignage à la vertu de Jacquette de Bachelier.

Vers les neuf heures, les juges et les officiers du Sénéchal, les Consuls et toute la noblesse vinrent assister aux funérailles ; le concours du peuple était prodigieux. Après la célébration du saint sacrifice, le Père Simon de Montmarsan, gardien du Couvent, monta en chaire pour faire l'éloge de Jacquette ; le bruit l'obligea à interrompre souvent son discours et il lui fut impossible de terminer l'oraison funèbre de l'illustre pénitente. Le peuple avait forcé les barrières. Il était difficile aux Religieux d'aller prendre le corps de Jacquette : l'autorité des Consuls fut inutile ; ils avaient en vain ordonné aux capitaines du guet de faire écarter la foule. On fut obligé de faire passer les précieuses dépouilles de la servante de Dieu par-dessus la tête de ceux qui ne voulaient point faire place. On les déposa par une permission spéciale du Père Général de l'Ordre, dans le sépulcre des Religieux.

On ne put fermer le caveau jusqu'à la

nuit, afin de satisfaire la dévotion du peuple, qui ne se lassait point d'honorer ce précieux corps. La ville de Béziers a en grande vénération les restes de sœur Jacquette, ainsi que ce qui est resté de son cilice et de ses vêtements. Plusieurs personnes font dire des messes à l'autel de la chapelle où repose son corps, et obtiennent l'effet de leur prière, ne doutant point que ce ne soit par l'intercession de cette illustre pénitente. En reconnaissance, elles offrent des tableaux où Jacquette de Bachelier est représentée avec son habit de pénitence.

Le nombre des grâces obtenues par l'intermédiaire de la servante de Dieu, écrivait dans son histoire le Père Casimir, est assez grand pour faire la quatrième partie de cet ouvrage. Il se proposait de la livrer à la publicité lorsque leur authenticité aurait été parfaitement attestée. Nous n'avons pas retrouvé ce manuscrit ; nous sommes convaincu qu'il n'a pas été livré à l'impression. Nous négligeons de rapporter certains faits relatés dans la Vie pénitente et séraphique de sœur Jacquette de Bachelier, capucine, attribuée au Père Casimir, parce que nous les croyons plus ou moins apocryphes.

CHAPITRE XV.

TOMBEAU DE JACQUETTE.
FAVEURS OBTENUES PAR L'INTERMÉDIAIRE DE JACQUETTE DE BACHELIER.

Le pieux lecteur sera heureux d'apprendre où sont à cette heure [1] le tombeau et le corps de Jacquette de Bachelier. Nous dirons notre pensée à ce

---

[1] Nous écrivons ces lignes le 15 mai 1875.

sujet et nous ferons connaître le résultat de nos recherches, n'oubliant pas que le premier devoir d'un historien est le respect de la vérité.

Jusqu'au moment de la grande Révolution, deux femmes, sous le costume de sœur Jacquette et de Guillemette, habitèrent successivement une maisonnette près du Couvent des Pères Capucins. Elles s'inspiraient de la vie de leur touchant modèle et perpétuaient la mémoire de l'héroïne bitterroise. A cette époque, les Capucins de Béziers furent obligés de se dérober à la fureur des Communeux d'alors et de prendre la fuite. Leur Couvent était devenu la propriété de plusieurs, leur église était transformée en un magasin de fourrage, lorsque, le 25 janvier 1850, les Religieuses Augustines de la Charité de Notre-Dame abandonnèrent l'Hospice de la ville, où elles résidaient depuis environ cent cinquante ans, et firent l'acquisition de la chapelle et d'une partie de l'ancien Couvent des Capucins.

Depuis, le peuple appelle ces Dames du nom de l'héroïne bitterroise.

Au lieu de dire les *Augustines*, on dit les *Jacquettes*, en souvenir de l'illustre servante de Dieu.

Tandis que l'on restaurait cet ancien Couvent et qu'on le rendait apte à sa nouvelle destination, plusieurs fois le bruit avait couru dans la ville qu'on avait retrouvé le corps de Jacquette de Bachelier. C'était une fausseté. Mais le peuple, chez qui les anciennes traditions sont toujours l'objet d'un certain culte, disait

avec une sorte d'instinct divinatoire :
« Il faut qu'on trouve le corps de la Sainte, car il est là. »

En effet, l'ancien caveau avait été transformé en cave ; les cadavres enfouis dans la terre étaient cachés aux regards de tous par un pavé placé dans cet endroit et dont les traces subsistent encore de nos jours.

Un escalier conduisait à cette cave.

La Mère Sacré-Cœur de Jésus ayant pris possession de cet établissement avec ses Religieuses, parmi lesquelles était sœur de la Visitation, trouve cet escalier incommode et veut le faire agrandir.

L'architecte et le Supérieur de la Communauté s'opposent à cette entreprise et s'efforcent de faire renoncer la Mère

Sacré-Cœur à ses projets. Leurs efforts sont inutiles, leur résistance vaine.

Madame la Supérieure renoncerait plutôt à la jouissance de la cave que de garder cet escalier.

Cette cave était au-dessous de la chapelle.

Les ouvriers sont appelés.

En creusant pour faire un nouvel escalier, ils découvrent deux cadavres à l'état de squelettes. L'un a un éclat, une blancheur [1] que n'ont pas d'ordinaire les cadavres ; une partie du cercueil était intacte. Non loin, on trouve des cadavres de Capucins que l'on reconnait à leur barbe.

---

[1] Les ossements de sainte Thérèse ont une blancheur éclatante.

M. Carrière, médecin, est appelé. Il constate que les deux cadavres sont deux corps de femme, que l'un a été enseveli depuis plus de temps que l'autre. Après les avoir considérés avec attention, il croit reconnaître que l'un d'eux est celui d'une personne qui n'avait point mené une vie ordinaire. Nous avons vivement regretté de n'avoir pas connu ce médecin. Lorsque nous allâmes voir les restes de la vénérable servante de Dieu, M. Carrière venait de mourir [1].

Le squelette était assez bien conservé, aucune dent, aucun doigt ne manquait, mais les ossements se détachaient en les touchant.

M. Carrière, persuadé que c'était là le

(1) 1874.

corps de l'illustre pénitente de Béziers [1], sœur Jacquette de Bachelier, lia ensemble les ossements avec du fil de fer ; on revêtit le squelette d'une robe de bure ; on mit un linge autour de sa tête et on le plaça debout dans une armoire, presque au-dessus de l'endroit où il avait été trouvé.

Le corps de Jacquette redevint l'objet d'une sorte de culte. Le peuple accourait en foule auprès des restes vénérés de l'héroïne bitterroise : chacun s'empressait de recourir à son intercession, lorsque pour des motifs qu'il ne nous appartient pas d'apprécier, un Evêque de Montpellier, Mgr Thibaut, fit fermer à clef le

---

[1] C'était aussi le sentiment des dames Augustines et du peuple de Béziers.

cercueil de Jacquette de Bachelier. Nous ferons remarquer que ces précieuses reliques, au moment où on les enlevait de la sorte à la vénération des fidèles bitterrois, n'étaient point exposées dans l'église, ni dans aucune chapelle ; elles se trouvaient où on les voit actuellement et où nous les avons vénérées nous-même, à l'entrée du chœur des Religieuses Augustines, dans un endroit appelé *anti-chœur*.

Une question se présente ici à l'esprit du lecteur.

Ces ossements liés ensemble par M. Carrière et conservés par les Religieuses Augustines, sont-ils véritablement le corps de Jacquette de Bachelier ? Ne sont-ils pas celui d'une autre personne morte en odeur de sainteté et ensevelie également dans le caveau des Pères Capucins ?

En vérité, nous ne pouvons pas répondre d'une manière absolue : Là est le corps vénéré de l'héroïne bitterroise. Une pareille assertion pourrait paraître téméraire ; mais toutes choses bien considérées, notre conviction à nous est que le corps conservé dans la Communauté des Jacquettes, est réellement le corps de Mademoiselle de Bachelier, morte en odeur de sainteté le 25 Janvier 1635.

Voici les faits sur lesquels repose notre affirmation :

1° Ce corps a été trouvé dans le caveau des Capucins, à l'endroit même où le Père Casimir assure qu'on ensevelit sœur Jacquette ;

2° Ce squelette répond exactement aux données du premier historien de Mlle de

Bachelier. Il est d'une taille assez élevée, a un front large et des traits caractéristiques ;

3° Ce squelette mis à côté du portrait de sœur Jacquette, placé au commencement de la *Vie* du Père Casimir, est ressemblant. Les Religieuses Augustines ont constaté cette ressemblance. Voici comment la chose est arrivée : Lorsque nous étions à la recherche de documents sur l'illustre pénitente de Béziers, Madame la Supérieure des Augustines nous présenta une gravure qu'on lui avait donné, et nous demanda si c'était là le véritable portrait de Mlle de Bachelier.

— Nous avons vu, répondîmes-nous, plusieurs images de sœur Jacquette, entr'autres celle publiée par la

Société Archéologique de votre ville [1] ; elles ne sont point conformes aux données de l'histoire : ce sont des gravures de fantaisie. Celle que vous nous présentez a été détachée du livre du Père Casimir, édité pour la dernière fois par Etienne Barbut, l'an 1698.

Nous la reconnaissons sans peine, car nous sommes possesseur momentané de ce vieux livre, à l'entête duquel se trouve un portrait semblable à celui que vous me présentez ; il rappelle exactement le costume, la taille et les traits de Jacquette. Comparez avec le squelette et voyez.

On suivit ce conseil. Chaque religieuse examina successivement et avec attention

---

[1] Béziers.

le portrait et le squelette. Chacune fut frappée de la ressemblance qui existait entre l'un et l'autre. Nous avons vu nous-même, nous avons vérifié avec soin. Nous avons trouvé à peu près les mêmes rapports.

4° Mgr Ramadié, aujourd'hui Archevêque d'Albi, partage notre sentiment. Ce vénérable prélat nous écrivait de Perpignan le 30 Juin 1876 :

« *Quand j'étais Curé de Saint-Jacques* » (à Béziers), *j'ai eu le bonheur en re-* » *levant le Couvent qu'elle* (sœur Jac- » quette) *habitait, de trouver dans des* » *fouilles son corps, avec deux autres* » *inconnus, dans l'endroit même où la* » *tradition indiquait sa sépulture.* »

5° Telle est l'opinion publique à Béziers :

tel est le sentiment des Religieuses Augustines.

6° Les fidèles obtiennent des grâces signalées par l'invocation de cette illustre pénitente et par l'attouchement de *ces précieux restes*, comme étant ceux de Jacquette de Bachelier.

CHAPITRE XVI.

**TRANSLATION DU CORPS DE JACQUETTE.
FAVEURS OBTENUES PAR L'INTERCESSION DE JACQUETTE.**

Vers la fin de l'année 1875, à la suite du Jubilé prêché à la ville de Béziers par dix Religieux Franciscains, Monseigneur de Cabrières, Evêque de Montpellier, se rendit au monastère des dames Augustines pour visiter la dépouille mortelle de sœur Jacquette.

Le vénérable Prélat était accompagné

de plusieurs membres du Clergé bitterrois et du R. P. Giniès, jésuite. Après avoir vénéré les restes de l'héroïne chrétienne, Monseigneur de Cabrières exprima le désir que le corps de l'illustre pénitente fut transféré dans un lieu plus convenable et accessible au public.

Le premier jour de juin 1876, vers les trois heures de l'après-midi, les restes de Jacquette de Bachelier furent placés dans une châsse, à l'entrée du monastère, dans un endroit préparé à cet effet.

J'étais là, debout, adossé à la grille, derrière laquelle allait reposer le corps de l'héroïne chrétienne ; j'étais témoin du triomphe pacifique de la sainteté sur les âmes. Il n'y avait point eu de mot d'ordre, point d'heure indiquée, point de cérémonial religieux, et lorsque je reçus dans mes bras le corps de Jacquette pour l'enfermer dans un nouveau cercueil, j'avais sous mes yeux une assistance nombreuse, émue et silencieuse.

Depuis cette époque, l'affluence des pèlerins au tombeau de Jacquette ne cesse point. Les uns viennent solliciter de la bonté divine, par l'intercession de l'illustre pénitente, la santé du corps; les autres demandent la conversion de leurs parents, ceux-là veulent le succès de leurs entreprises.

Historien de sœur Jacquette, nous admirons les voies de la Providence. Dieu fait briller d'un vif éclat la sainteté de son humble servante pour nous convier à la pratique des vertus chrétiennes et à l'accomplissement de nos devoirs religieux.

Nous rapporterons quelques-uns des

prodiges opérés par sœur Jacquette. Ils nous ont été attestés sous la foi du serment par des personnes dignes d'être crues et témoins elles-mêmes des faits.

Après avoir abandonné l'hôpital, les Religieuses Augustines furent en proie à de cruelles privations pendant plusieurs années. La Mère Sacré-Cœur de Jésus leur recommandait souvent de recourir à sœur Jacquette et de l'invoquer. Un jour, les ressources manquant, il était impossible d'acheter du pain pour les servantes. A cette époque, comme aujourd'hui, les Augustines donnaient asile aux filles de service qui voulaient entrer chez elles en attendant d'être placées, ou se retiraient au Couvent pour être soignées dans leurs maladies et terminer là leurs jours. Deux novices, sœur Stanislas, âgée de dix-huit ans, et sœur de l'Immaculée-Conception, étaient chargées de distribuer le pain. La veille, il ne restait que quatre ou cinq pains, tout-à-fait insuffisants pour la nourriture des servantes; mais quel ne fut pas leur étonnement lorsque le lendemain, à l'heure de la distribution, elles eurent du pain en assez grande quantité pour les servantes. Elles avertirent la Mère Sacré-Cœur. Celle-ci les encouragea en leur disant de prier toujours Jacquette. Le pain se multiplia ainsi miraculeusement environ quinze jours. Ce prodige fut constaté par toute la Communauté, composée à cette époque de treize Religieuses. La sœur Stanislas, qui était chargée de donner le pain, nous a raconté elle-même ce fait et d'autres Religieuses l'ont affirmé.

Dans la même Communauté, au commencement de la fondation, les Religieuses constatèrent que l'huile ne diminuait point. Pour se convaincre de la réalité du prodige, on marqua l'endroit du vase où l'huile arrivait ; cela fait, on puisa de l'huile, mais le vase ne désemplit point. Ce prodige dura dix mois, jusqu'à ce que la maison eut assez de ressources pour acheter de l'huile.

Au mois de décembre 1873 [1], Madame C..., marchande de nouveautés à Béziers, souffrant des douleurs atroces à l'approche de ses couches, appelle un médecin.

---

(1) Nous ferons remarquer que sœur Jacquette est particulièrement invoquée à Béziers dans les circonstances analogues au fait que nous relatons.

Celui-ci déclare que l'enfantement est périlleux, qu'il y a danger pour la mère et pour l'enfant. Madame C... fait prier les Religieuses Augustines de faire toucher un linge aux Reliques de sœur Jacquette. On le fait. La malade applique ce linge sur le corps ; à l'instant elle accouche heureusement.

Au mois de juin 1876, Monsieur A..., malade de la poitrine depuis dix-neuf mois avait toujours refusé les secours de la Religion. Sa femme vient visiter le tombeau de Jacquette et prie les dames Augustines de recommander son mari à l'illustre pénitente. Obtenez au moins sa conversion, leur dit-elle.

De retour à sa maison, cette femme désolée fait au malade la lecture de la *Vie de Jacquette*.

Monsieur A..., parait touché du récit des vertus de l'illustre pénitente. Le samedi 10 juin le malade demande un prêtre et reçoit tous les sacrements avec une foi ardente. Depuis ce moment jusqu'au lundi suivant, où il rendit son âme à Dieu, le pauvre poitrinaire n'a cessé de dire : « Je dois ma conversion à sœur » Jacquette. C'est bien elle qui m'a » obtenu cette grande grâce. »

Plusieurs fois, diverses personnes en ouvrant le cercueil qui renfermait le corps de Jacquette, ont constaté que ses précieux restes exhalaient parfois un suave parfum.

Nous nous bornons à ces faits; nous pourrions en citer d'autres dûs à l'intervention de Jacquette de Bachelier. Ceux-ci suffisent à procurer la gloire de Dieu et l'exaltation de son illustre servante.

En terminant le récit des œuvres de Jacquette de Bachelier, de l'Ordre de Saint-François d'Assise, les paroles de saint Grégoire de Nice parlant de saint Ephrem, se présentent à notre esprit.

« Dieu a mis *cette illustre fille* sur la terre comme un grand luminaire pour éclairer le monde, ou bien comme une haute colonne vivante et animée pour montrer aux hommes les sentiers de la vertu et de la sainteté. »

Jacquette pauvre et pénitente apprend aux hommes de notre temps le mépris des richesses et l'amour de la croix ; Jacquette humble et méprisée, mais exaltée à son heure dernière, indique à notre société où est la véritable grandeur et la vraie gloire. Pour les individus et pour la société le bonheur et le véritable bien consistent dans la connaissance, l'amour et le service de Dieu.

TABLE DES MATIÈRES.

	Pages.
Préface	VII
Généalogie de la famille de Bachelier	XIII
Chapitre I. — Naissance de Jacquette de Bachelier	1
Chapitre II. — Education de Mademoiselle de Bachelier	7
Chapitre III. — Ses remords	15
Chapitre IV. — Sa conversion	25
Chapitre V. — Mademoiselle de Bachelier demande à entrer dans l'Ordre de Saint-François	37
Chapitre VI. — Mademoiselle de Bachelier prend l'habit de Capucin	49
Chapitre VII. — Vie pénitente de sœur Jacquette de Bachelier	65
Chapitre VIII. — Epreuves de sœur Jacquette	77

	Pages.
Chapitre IX. — Jacquette abandonne la maison paternelle..........	87
Chapitre X. — Pauvreté et austérités de Jacquette. Sa ferveur. Ses extases. Son zèle.......	107
Chapitre XI. — Jacquette est exposée à un danger évident de perdre la vie................	131
Chapitre XII. — Rencontre de la veuve Guillemette. Prophéties de Jacquette................	147
Chapitre XIII. — Dernières épreuves de Jacquette. Elle est stigmatisée	171
Chapitre XIV. — Mort et sépulture de Jacquette................	187
Chapitre XV. — Tombeau de Jacquette.....	207
Chapitre XVI. — Translation du corps de Jacquette. Faveurs obtenues par l'intercession de Jacquette	221

Carcassonne. — F. POMIÈS, Imprimeur de Mgr l'Evêque.

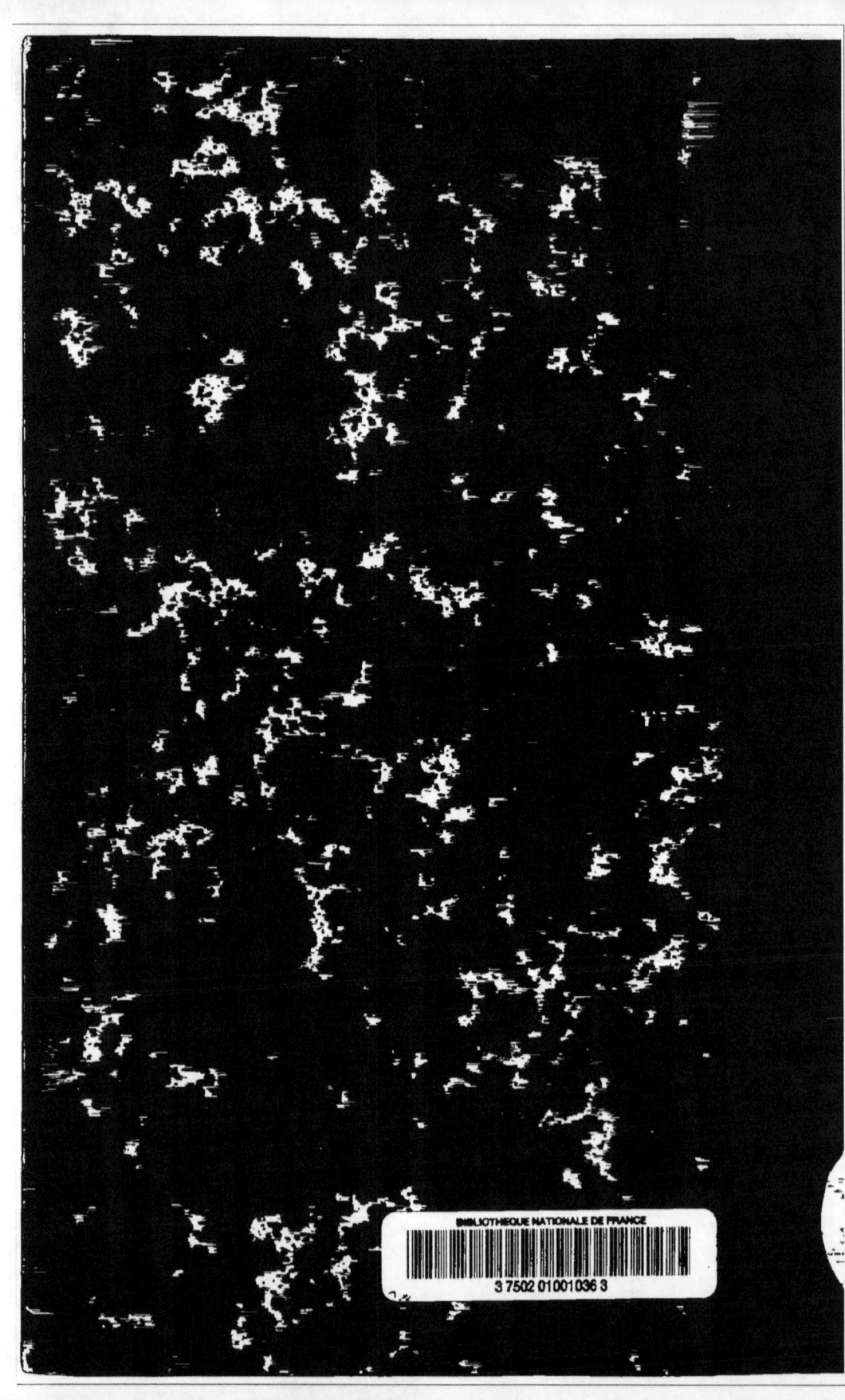

www.ingramcontent.com/pod-product-compliance
Lightning Source LLC
Chambersburg PA
CBHW070634170426
43200CB00010B/2022